BIBLIOGRAPHIE

DES

FRÈRES MINEURS CAPUCINS DE LA PROVINCE DE TOULOUSE

(1582 - 1928)

BIBLIOGRAPHIE

DES

FRÈRES MINEURS CAPUCINS

DE LA

PROVINCE DE TOULOUSE

(1582 - 1928)

PUBLIÉE PAR ORDRE

du T. R. P. ALOYS DE MOULINS

MINISTRE PROVINCIAL

*Narrationem Virorum Nominatorum
conservabit Sapiens.*

ECCLI. 39. 2 .

TOULOUSE

LES VOIX FRANCISCAINES

32, Rue des Potiers, 32

1928

PRÉFACE

DU TRÈS RÉVÉREND PÈRE PROVINCIAL

Rien de plus juste que de considérer un Ordre religieux comme une grande famille dont tous les membres partagent la même vie, communient aux mêmes sentiments, vibrent à des pensées pareilles et à de semblables affections.

Mais la famille religieuse se fait plus intime et plus chaude quand elle se cantonne à une Province faite de Frères au tempérament plus ressemblant du fait de la même langue, de la même nationalité, du même territoire d'origine.

Et de même que les familles selon la chair ne sont pas faites seulement des vivants, mais encore de ceux qui sont morts et dont le souvenir et les œuvres pèsent d'un poids si considérable sur ceux qui restent, de même la famille religieuse d'une Province ne se compose pas seulement de ceux qui y vivent actuellement, mais encore de tous ses membres défunts dont le souvenir se perpétue et dont les œuvres demeurent comme un capital précieux de travaux, de vertus et de sainteté.

Et rien n'est bon pour une famille religieuse comme de conserver cet héritage sans cesse accru des mérites et de l'honneur de chacun. Mais si quelques-uns des devanciers ont contribué davantage par leur influence et par leurs œuvres à l'augmentation du patrimoine commun, ils méritent plus que les autres que leur mémoire soit conservée, et que leur exemple soit cité pour servir de modèle aux générations futures.

Certes, il ne nous appartient pas de porter un jugement sur le patrimoine spirituel fait des vertus et des actes héroïques. C'est Dieu tout seul qui en est le juge et qui confie à l'Eglise de Jésus-Christ son Fils le soin de glorifier ceux qui en sont dignes et de les proposer en exemple.

Mais il y a des trésors de valeur humaine qu'il nous convient de conserver et de faire connaître. Parmi tous, se placent les ouvrages de l'esprit : travaux de sciences religieuses et profanes, théologie, philosophie, histoire, sermons, discours et panégyriques, productions littéraires sous toutes les formes.

Evidemment, ces travaux ne peuvent pas avoir tous une valeur égale. Les écrivains ne pourront jamais que produire selon la diversité et l'inégalité de leurs aptitudes et de leurs talents.

Cependant, si le tout de ces travaux est assemblé depuis le modeste et le moyen, jusqu'au meilleur et à l'excellent, il forme un ensemble harmonieux et du plus grand prix.

En tout cas, une Bibliographie en nous présentant cette variété de productions, nous montre à quel degré d'activité intellectuelle et même morale peut parvenir une Province religieuse.

Or, notre Province des Capucins de Toulouse peut ici se glorifier à juste titre d'avoir tenu un rang digne de louange et se rendre à tout le moins le témoignage qu'elle a été fidèle, au simple point de vue des choses de l'esprit, à la tradition franciscaine du travail si recommandé par notre Sainte Règle.

Et c'est précisément parce que nous en avions conscience, que nous avons désiré que soit établie une présentation aussi complète que possible des ouvrages composés par les religieux de la Province.

Le travail était délicat. Il devait embrasser trois siècles d'épanouissement intellectuel: les publications étaient nombreuses; le caractère d'utilité éphémère et tout d'actualité de certains ouvrages rendait ardue la tâche de les retrouver.

Il fallait pour une telle œuvre un historien qui ne se contentât pas d'un modeste essai, mais fût capable de la conduire à bonne fin d'une manière aussi sûre et aussi complète que possible.

Le Très Révérend Père Irénée d'Aulon, à qui nous devons déjà l' « Histoire de la Province de France » et le « Nécrologe de la Province de Toulouse », paraissait tout spécialement qualifié pour mettre à jour une telle publication.

Nous croyons n'avoir qu'à nous louer de lui avoir confié un soin si délicat. Et nous lui exprimons toute notre reconnaissance de l'avoir si bien conduit.

Les lecteurs de cette Bibliographie pourront, en effet, se rendre compte aisément des investigations minutieuses et difficiles nécessitées par ce travail et se réjouiront de sa parfaite réussite.

Puisse ce tableau d'honneur de l'activité intellectuelle de notre chère Province — tant de celle du ciel que de celle qui mène encore le bon combat — stimuler efficacement les générations qui montent, et aider pour sa part aux meilleures traditions des vrais religieux capucins.

Dans les temps troublés que nous traversons, c'est avec une confiance renouvelée en l'avenir que nous jetons ainsi un regard sur le passé, parce qu'il est le meilleur gage d'une marche sûre vers de nouvelles réalisations de notre idéal chrétien et franciscain.

Fr. ALOYS DE MOULINS,

Min. Prov.

INTRODUCTION

Depuis le XIII° siècle, l'activité des Religieux ne se limite pas au Culte divin et à l'exercice des Vertus monastiques, mais elle se répand au dehors par l'apostolat de la parole et s'amplifie dans le domaine de la pensée.

Les fils du *Poverello* ne furent pas des derniers à entrer dans cette voie. Séduits par l'idéal de la Pauvreté évangélique, essentiellement prédicateurs, ils se sont néanmoins adonnés à la science, et ils ont produit dans toutes les branches du savoir humain des œuvres marquantes. Et c'est pourquoi, la *Bibliographie* est une des principales sources de leur *Histoire*.

Ainsi, d'ailleurs, l'ont compris les grands Annalistes de l'Ordre, dont plusieurs complétèrent leurs *Chroniques* par un catalogue des Ouvrages composés par leurs confrères.

Parmi les *Bibliographes franciscains*, signalons Henri Willot et Rodolphe de Tossigniano au XVI° siècle, Luc Wadding au XVII°, Jean de Saint-Antoine et Hyacinthe Sbaralea au XVIII°. Ces illustres historiens mentionnèrent dans leurs nomenclatures quelques auteurs Capucins. Aussi bien, devait-il se lever dans notre branche franciscaine des religieux qui, naturellement mieux informés des travaux de leurs confrères, les feraient connaître.

Le premier qui s'adonna à cette tâche fut précisément un fils de l'ancienne province d'Aquitaine : le savant P. Jean de Bordeaux. En 1649, il adressait à tous les Provinciaux de l'Ordre une brève nomenclature d'*Auteurs*, en l'accompagnant de la lettre suivante :

« RÉVÉREND PÈRE,

« J'envoie à votre Révérende Paternité un *Catalogue* des écrivains de notre famille capucine que j'ai fait imprimer pour l'utilité de nos religieux. Je suis persuadé que cet ouvrage, quoique modeste, ne manquera pas d'agréer à plusieurs, à ceux-là surtout qui tiennent à connaître, non seulement les noms d'auteurs, mais aussi leurs travaux, pour en munir au besoin nos bibliothèques.

« Ce Catalogue est bien incomplet, je l'avoue. Aussi, je demande humblement à votre Révérende Paternité de vouloir bien charger un de vos Pères — si ce n'est pas abuser de votre bonté de m'envoyer le nom des écrivains de votre Province et leurs ouvrages que j'aurais omis dans mon répertoire.

« Je compte, en effet, publier une autre édition de ce *Catalogue* corrigée et augmentée, si possible; et je serais doublement obligé au Révérend Père en question, s'il me signalait des écrivains appartenant à d'autres Provinces.

« Veuillez bien agréer cette requête et vous souvenir de moi au saint Autel.

« De Votre Révérence, le très humble serviteur en Jésus-Christ,

« Fr. JEAN DE BORDEAUX *Prœdi. Cap. ind.*

« *Couvent de Bordeaux, 20 juin 1649.* »

Quel fut le résultat de cette démarche? Nous l'ignorons d'autant que le P. Jean mourut l'année suivante (1).

Trente ans plus tard (1680), le P. Denis de Gênes publia une *Bibliographie* qui fut rééditée (1691). Il faut ensuite arriver jusqu'en 1747 pour voir la continuation de cet ouvrage. Bernard de Bologne, à qui nous la devons, se plaint dans la *Préface* de l'insouciance avec laquelle on avait répondu, de divers côtés, à ses requêtes d'informations. Cela n'étonnera guère les religieux qui sont tant soit peu du métier, ou qui ont employé cette méthode pour des travaux similaires. Mais ce qui sera à jamais regrettable, c'est que ce bibliographe, agissant par ordre et avec l'autorité du Père Général, ne soit pas venu en personne dans les divers pays et n'ait pas visité au moins les principales Provinces afin d'apprendre sur place ce qui aurait été publié. De là, cette grosse lacune qui dépare son ouvrage. Des Œuvres importantes, en effet, parues en France et en Espagne, ne figurent même pas dans son *Catalogue*. Trop souvent, il s'en tient aux *Bibliographies* déjà publiées par les Frères Mineurs, causant ainsi des confusions de noms, de provinces et même de branches franciscaines.

En 1852, le P. Jean-Marie de Ratisbonne publia un *Supplément* au Répertoire de Bernard de Bologne. Mais ce travail laisse également beaucoup à désirer, bien que l'auteur (étant Définiteur général) ait pu disposer de nombreux moyens pour découvrir d'autres ouvrages. Pour ce qui regarde la France, prétextant la grande Révolution, qui avait tout bouleversé, il se borne à mentionner quelques auteurs de notre nation! (2).

Les choses en étaient là, lorsque parut, en 1886, la Bibliographie de la province de Naples, due au P. Apollinaire de Valence. Pour les historiens ce fut une révélation. Le moyen était trouvé d'obtenir les éléments d'un Catalogue général des Auteurs.

Le P. Apollinaire ne devait pas se contenter de cet essai. Appelé dans notre province de Toulouse pour sauver de l'oubli les documents

---

(1) Au couvent des Capucins de Lucerne, on conserve un exemplaire (*le seul connu*) de la BIBLIOGRAPHIE du P. Jean de Bordeaux. Le P. Edouard d'Alençon en a donné un compte-rendu dans les *Analecta Ordinis* (1910, pp. 113-117).

(2) Si l'on veut se rendre compte de l'insuffisance de ce travail, qu'on en juge par la *Note* du P. Edouard d'Alençon (Anal. Ord., 1910, p. 116).

nécessaires à l'Histoire de nos anciennes Provinces, il fit pour nous ce qu'il avait déjà fait pour celle de Naples. En 1894, il publiait la BIBLIOTHECA FR. MINOR. CAPUCCINORUM PROVINCIARUM OCCITANIÆ ET AQUITANIÆ *(grand in-4° de 172 pages)*.

Très sagement, il énumérait les écrivains d'avant la Révolution qu'il avait pu découvrir ainsi que les auteurs contemporains. Cela convenait, car dans notre Ordre sept fois séculaire, les nouvelles Provinces sont comme la germination, l'épanouissement de Provinces primitives. Leur Histoire et encore moins leur Bibliographie ne sauraient être isolées de leur Province-mère. Si les troubles et les vicissitudes peuvent interrompre momentanément *la marche normale*, disperser les religieux, détruire leurs couvents, etc., c'est là un arrêt, non l'anéantissement : les oiseaux, chassés, ne reviennent-ils pas aux mêmes lieux pour y construire à nouveau leurs nids ? Ainsi les deux Provinces de Languedoc et d'Aquitaine, supprimées en 1791, purent se reconstituer en formant la nouvelle Province de Toulouse; et celle-ci a déjà eu à souffrir, en l'espace de vingt-trois ans, deux expulsions (1880 et 1903).

Le T. R. P. Provincial nous ayant demandé de reprendre et de parfaire l'Œuvre esquissée par le P. Apollinaire, nous n'aurons, pour ainsi dire, qu'à marcher sur les traces de cet initiateur.

Pour qu'il y ait, néanmoins, plus d'ordre dans notre nomenclature d'*Auteurs*, nous avons cru bon de séparer les anciens des nouveaux. D'où, les deux parties de cette *Bibliographie* : la première, qui traite des Auteurs d'avant la Révolution; la seconde, ne concernant que leurs successeurs, soit les religieux de la nouvelle Province toulousaine.

Pareillement, il était indispensable de reviser les listes déjà dressées par le P. Apollinaire; sans quoi, il eut fallu rédiger un *Supplément* pour les ouvrages échappés aux investigations de ce laborieux confrère. De plus, les publications de certains religieux récents — et non des moindres! — auraient figuré, les uns dans la BIBLIOTHECA OCCITANIÆ ET AQUITANIÆ, les autres dans cette BIBLIOGRAPHIE, chose inadmissible.

Comme les Bibliographes de l'Ordre ayant à mentionner des Auteurs *ex omni tribu et lingua et natione*, le P. Apollinaire avait latinisé des ouvrages écrits presque tous en langue française. On nous saura gré de ne l'avoir pas imité sur ce point, ainsi que d'avoir supprimé les *Notices biographiques*, mieux à leur place ailleurs. Nous indiquons simplement la date de *l'éture* et celle du décès. Plusieurs *Appendices* complètent la Bibliographie.

Au lecteur d'apprécier la valeur des nombreux volumes recensés; mais ce qui ressort de cette longue nomenclature, c'est que notre Province de Toulouse reste toujours fidèle aux bonnes Traditions franciscaines.

« Pendant des siècles, écrivait naguère le P. Jean de Dieu dans les *Études Fr.*, pendant des siècles, et jusqu'à la Révolution, les ouvrages écrits par les Enfants de saint François, ou traitant de sujets franciscains, ont nourri la vie intellectuelle et la vie de piété du monde chrétien » (1).

Cette influence s'explique aisément par la diffusion extrême de notre Ordre, le grand nombre de Saints qui l'ont glorifié, et les religieux éminents qu'il a, de tout temps, comptés dans son sein.

Il était donc naturel de rendre hommage aux religieux qui, depuis plus de soixante ans, ont fait honneur à la bure capucine dans notre nation, en contribuant par leurs écrits à cet *Apostolat*.

Déjà la Province de France avait vu se former une Bibliothèque d'ouvrages spirituels, ainsi que d'études théologiques et historiques. Au moment où elle fut divisée en trois autres Provinces distinctes, elle léguait à ces dernières, outre l'exemple, un puissant moyen d'action qui suscita l'émulation. Car à côté de la BIBLIOTHÈQUE FRANCISCAINE, publiée à Paris, chez Poussielgue, la maison Lethielleux édita toute une série de publications émanées de nos Pères. Et nous ne parlons pas de ce qui se faisait isolément.

Nous n'avons pas l'intention d'indiquer en détail ce qui fut édité par ces deux librairies, grâce aux Capucins. Il ne s'agit ici, en effet, que de la seule Province de Toulouse.

Puisqu'il est question de *Bibliothèque franciscaine*, rappelons en passant que, sous l'impulsion du P. Eugène d'Oisy, et dès l'année 1891, les Capucins français prirent à leur compte leurs propres publications. Sous le titre d'ŒUVRE DE SAINT FRANÇOIS, devenue plus tard LIBRAIRIE SAINT-FRANÇOIS, ils firent paraître des ouvrages anciens et modernes, faisant connaître ainsi les Œuvres et les Doctrines de l'Ordre.

De même, à Toulouse, depuis près de vingt ans, les VOIX FRANCISCAINES ont lancé une collection nouvelle qui compte à l'heure actuelle un beau nombre d'importantes publications émanées, soit de nos confrères, soit d'auteurs étrangers.

En terminant cette INTRODUCTION, nous éprouvons le besoin de témoigner notre reconnaissance aux Religieux qui ont facilité ce travail de patience et de pénibles investigations. Nous offrons tout particulièrement nos remerciements au P. Gilbert de Biarritz, qui ne s'est pas contenté de nous aider dans nos recherches, mais, grâce à une compétence vraiment précoce, nous a fait éviter quelques erreurs, et suggéré des observations dont nous avons profité.

Qu'il plaise à Dieu de faire servir cette BIBLIOGRAPHIE à sa gloire, et à l'honneur de notre chère Province de Toulouse, qui, jadis, par l'entremise du plus illustre de ses fils, nous accueillit dans son sein. Puisse-t-elle lui être utile, nous le demandons à la Vierge Immaculée, à saint Joseph notre Protecteur et au séraphique Père saint François.

(Couvent de Saint-Louis de Toulouse, ce 3 juin 1928, en la fête de la Très Sainte Trinité).

Fr. IRÉNÉE D'AULON.

---

(1) (*Etudes fr.*, 1928, p. 204).

PREMIÈRE PARTIE

Auteurs antérieurs à la grande Révolution

P. Ambroise de Lombez, 1724, ✝ 1778 (1).

Par une remarquable coïncidence, l'ordre alphabétique que nous avons adopté pour cette nomenclature des *Auteurs*, nous fait commencer par l'écrivain le plus célèbre de notre Ordre en France, si justement surnommé le *saint François de Sales* du XVIII siècle. Ses ouvrages, toujours d'actualité, et traduits dans presque toutes les langues d'Europe, se rééditent sans cesse. Son immortel Traité de la Paix intérieure, paru en plein jansénisme, obtint un tel succès qu'il eut même des contrefaçons...

Maintes éditions parurent du vivant même de l'auteur. Mais après sa mort, l'approche de la grande Révolution paralysa ce mouvement. Néanmoins, trois autres éditions s'imprimèrent en Belgique durant ces temps troublés. A l'heure présente, l'on en compte cinquante-huit en langue française. Et ce véritable chef-d'œuvre, qu'est la Paix intérieure, range le P. Ambroise de Lombez parmi les maîtres incontestés de l'Ascétique chrétienne.

Qu'il nous suffise de mentionner l'édition originale, la seconde, revue soigneusement par l'auteur et qui devint son texte définitif, et enfin, les deux plus récentes, publiées de nos jours (2).

(1) La première date indique l'entrée de chaque auteur dans notre Ordre; la seconde, précédée d'une croix, signale l'année de décès. Lorsque l'une ou l'autre date nous est inconnue, nous la remplaçons par de petits points.....

(2) Le P. Edouard d'Alençon indique la majeure partie des éditions, dans la Vie du P. Ambroise de Lombez, par M. Bénac, Vicaire général d'Auch, publiée en 1908. Au XIXe siècle, et dès 1809 (chez J. Mossy à Marseille), la *Paix intérieure* s'imprima dans les principales villes de France.

1757.   **Traité de la Paix intérieure** en quatre parties; in-12°, 505 pp. Paris, Cl. Hérissant fils. *(Cette première édition, quoique moins étendue que les suivantes, compte plus de chapitres, la plupart très courts).*

1758. — **Traité de la Paix intérieure.** Seconde édition, revue et corrigée et augmentée par l'auteur, et mise dans un meilleur ordre; in-12°, 450 pp. Paris *(ibidem).*

1881. — **Traité,** etc. Nouvelle édition, annotée par le P. François de Bénéjac, et précédée d'une *Etude ascétique sur la Vie et les écrits du P. Ambroise;* in-12°, 460 pp. (plus 70 pp. de l'Etude ascétique). Paris, Poussielgue.

1922. — **Traité** de la Paix intérieure, édité par les ETUDES FRANCISCAINES; in-12°, 344 pp. Paris, Librairie Saint-François.

1766. — **Lettres spirituelles** sur la *Paix intérieure* et autres sujets de piété; in-12°, 416 pp. Paris, Cl. Hérissant.

Autres éditions en 1774 et 1776 *(ibidem).*
1823, nouvelle édition à Paris et à Lyon, chez Méquignon.
De 1823 à 1861, six éditions chez Périsse, à Lyon.

1881. — **Lettres spirituelles,** etc., éditées par le P. François de Bénéjac; in-12°, 417 pp. Paris, Poussielgue.

1889, nouvelle édition, par le même *(ibidem).*

1779. — **Traité de la joie de l'âme;** in-12°, 305 pp. Paris, G.-P. Simon, Mérigot et Berton.

Cet ouvrage fut publié l'année qui suivit la mort du P. Ambroise, par les soins du P. Léonard d'Auch, son premier historien.

1791. — Nouvelle édition; in-12°, 283 pp. Liège, Lemarie.

De 1819 à 1858, on compte treize éditions de ce même Traité... publiées en France, dont huit chez Périsse, à Lyon. *A noter aussi que le* TRAITÉ DE LA JOIE DE L'AME *fut maintes fois réédité à la suite et conjointement à celui de la* PAIX INTÉRIEURE.

1882. — **Traité de la joie de l'âme,** édité par le P. François de Bénéjac; in-12°, 292 pp. Paris, Poussielgue. Cette édition fut renouvelée en 1883 *(ibidem).*

1913. — Nouvelle édition publiée par la Librairie Saint-François; in-12', 172 pp. Paris et Couvin.

1782. — A la fin de son HISTOIRE DU P. AMBROISE DE LOMBEZ, le P. Léonard d'Auch publia du même auteur : 1° Méditations sur le *Salve Regina* (28 pp., in 12°) : 2° Cinq lettres spirituelles à une personne de distinction (28 pp.) ; 3° Réflexions contre l'irréligion du temps (14 pp.). Ces trois opuscules ont été réédités dans les Œuvres complètes du P. Ambroise, par le P. François de Bénéjac (1882).

TRADUCTIONS ITALIENNES.

1768. — **Trattato della pace interiore**, composto dal Padre Ambrosio da Lombez, cappuccino. Traduzione di Pier. Gio. Battista Montini : in-12', 121 pp. Lucca, Filippo Benedini.

1778. — **Trattato**, etc. Traduzione di Domenico Antonio Marsella. Roma.

1782. — **Trattato**, etc. Trad. del P. Fedele da Tortona, cap.; in-12'', 539 pp. Torino, Carlo Maria Toscanelli.

1782 et 1789. — Edizioni della prima versione italiana. Venezia, Simone Occhi.

1854. — **Trattato**, etc. Traduzione di G. F. S.; in-12'', 380 pp. Napoli, Tizzano.

1885. — **Trattato**, etc. Seconda edizione di G. F. S. Napoli.

LETTRES SPIRITUELLES.

1782. — **Lettere spirituali** sopra la Pace interna. Traduzione del P. Fedele da Tortona, cap.; in-12'', 447 pp. Torino, Carlo Maria Toscanelli.

1784. — **Lettere spirituali**, etc. Venezia, Simone Occhi.

JOIE DE L'AME.

1783. — **Trattato dell' allegrezza** dell' anima cristiana. Traduzione di Domenico Ant. Marsella; in-12'', 218 pp. Roma, Cannetti.

1784. — **Trattato**, etc. Traduz. anonima. Vicenza, Ant. Veronese.

1803. — **Trattato,** etc. Seconda edizione di sopra. Venezia, Simone Occhi.

1844. — **Trattato,** etc. Milano.

1856. — **Trattato** della gioia dell' anima. Nuova versione italiana di G. F. S.: in-12°, 174 pp. Napoli, Tizzano.

TRADUCTIONS ESPAGNOLES.

1771. — **La Paz interior.** Tratado que escribió el R. P. Ambrosio de Lombez: traducido al castellano, por el P. Fr. Lamberto de Zaragoza, Cap.: in-8°, 303 pp. Zaragoza, Francisco Moreno.

1906. — **Tratado de la Paz interior.** Traduccion castellana por el P. Miguel de Esplugas de la misma Orden, Provincial de Cataluña; in-12°, 450 pp. Barcelona, Subirana hermanos.

Dans cet ouvrage, le traducteur annonçait une prochaine édition castillane du TRAITÉ DE LA JOIE DE L'AME.

1908. — Le *Mensajero serafico* de Madrid, dans son numéro de janvier, commença la publication des LETTRES SPIRITUELLES traduites en espagnol par les soins de la Rédaction.

TRADUCTIONS PORTUGAISES.

1849. — **Paz interior** do P. Lombez, traduzida do francez. Lisboa, Imprensa Nacional.

1820. — **Alegria da alma christa,** pelo P. Lombez, traduzido pelo beneficiado Bartholomeu da Silva Coelho. Lisboa, na Impressaó Regia.

...Le P. Léonard d'Auch nous apprend dans sa VIE DU P. AMBROISE, *que le P. Théodore de Almeida, célèbre oratorien portugais (✝ 1803), traduisit dans sa langue le* TRAITÉ DE LA JOIE DE L'AME. *Cette édition n'a pu être retrouvée.*

TRADUCTIONS ALLEMANDES.

1766. — **Le Traité de la Paix intérieure** fut traduit par Anitzto; in-12°, 642 pp. Ausburg, Matthaeus Rieger.

— 5 —

1831. — Traduction de J.-P. Silbert; in-8". Landshut, Krüll.

1833. — Autre traduction; in-8° de 311 pp. Grätz, Kieureich.

1840. — Nouvelle édition. Landshut, Krüll.

1861. — Traduction de Jordan Bucher; in-8", 255 pp. Stuttgart, Gebrüder Scheitlin.

1862. — Autre, in-8", 304 pp. Ratisbonne, Manz.

1876. — Trad. du D' Ewald Bierbaum, curé de Saint-Maurice; in-16", 320 pp. Freiburg in Breisgau, Herder.

1894. — Seconde édition du même traducteur; in-16", 335 pp. (*ibidem*).

TRAITÉ DE LA JOIE DE L'AME.

1840. — Traduction in-12". Ratisbonne, Montag und Weiss.

1865. — Autre, in-8°, 166 pp. Ratisbonne, Manz.

TRADUCTIONS FLAMANDES.

1840. — **Traité de la paix intérieure,** traduit sur la première édition, par D. Declerq; in-8", 226 pp. Bruxelles, Bestuerder.

1861. — **Traité de la joie de l'âme,** traduit par A.-J. Van Bemmel; in-8", 190 pp. Schouwen, P.-N. Verhoeven.

P. ANSELME DE LARRAZET, ..., ✝ 1684.

1682. — **La dévote Olympie,** ou les pieux et savants entretiens d'Olympie et de Théophile; 2 vol. in-8", 327 et ? pp. Toulouse, Jean Pech.

P. ANSELME D'OLORON, ..., ✝ 1691.

1674. — **Superstitions.** Fausseté des devins et des sorcières; in-8". Paris... (*L'auteur publia cet ouvrage sur les instances du président du Parlement de Navarre, pour combattre la superstition qui désolait le pays de Béarn*).

Fr. ANTOINE DE CESSENON, 1718, ✝ .....

1765. — Le culte des saints Noms de Jésus et de Marie, par Jacques Monti, publié en 1640, à Bologne; traduit en français; in-12", 113 pp. Pézenas, impr. Fuzieu.

P. Aphrodise de Béziers. ..... ✝ 1698.

1694. — **La conversion du pécheur,** ou sermons prêchés pendant l'Avent; 2 in-8° de 320 et 352 pp. Béziers, E. Barbut.

1695. — **La conversion du pécheur,** etc. 2me édit., *ibidem.*

1695. — **Sermons de carême:** 2 in-8° de 494 et 544 pp. Béziers, E. Barbut.

1696. — **Sermons** pour tous les dimanches de l'année, prêchés à Saint-Just de Narbonne; 2 in-8° de 374 et 440 pp. Béziers, E. Barbut.

P. Archange de Lyon. 1587, ✝ 1630.

1612. — Histoire de l'image miraculeuse de la Vierge appelée **Notre-Dame du Grau** (proche de Montpellier); in-8°. Lyon, Muguet.

1620. — Réponse à l'ex-moine Constance Guénard.

> *(En 1618, ce Guénard avait publié, à Genève, une apologie de son apostasie).*

P. Augustin de Narbonne. .... ✝ 1708.

1682. — **Le jugement final,** ou le triomphe de la justice divine sur les hommes: in-8°, 570 pp. Toulouse. G.-L. Colomiez, et J. Posuel. 3me édit. en 1691. Toulouse. J.-P. Douladoure. 4me édit. en 1692 *(ibidem).*

1689. — **Jésus-Christ dans l'Eucharistie,** ou l'abrégé de ses merveilles dans le T. S. Sacrement de l'autel: in-8°, 310 pp. Toulouse, D. Desclassan.

1689. — **Sermons pour le Carême,** 2me édit.; 2 in-8° de 540 et 510 pp. Toulouse, J.-P. Douladoure.

1692. — **Jésus-Christ,** ou les mystères de sa vie; in-8°. 602 pp. *(ibidem).*

1693. — **Jésus-Christ,** ou les trophées de la Croix; in-8°, 320 pp. *(ibid.).*

1693. — **Marie** ou les Mystères de sa vie: in-8°, 573 pp. *(ibid.).*

1693. — **Sermons** pour les Dimanches avant la Pentecôte, 2me édit.: in-8°, 702 pp. *(ibid.)*.

1693. — **Sermons** pour les Dimanches après la Pentecôte; in-8°, 652 pp. *(ibid.)*.

1694. — **Jésus circoncis,** ou les prodiges de la Circoncision; in-8°, 316 pp. *(ibid.)*.

1694. — **Saint Jérôme,** ou la science du très grand docteur de l'Eglise; in-8°, 320 pp. *(ibid.)*.

1853. — **Saint Jérôme,** etc.; in-4°, 185 pp., dans la *Collection des Orateurs sacrés.* Paris. Migne. Tome XXXIII.

1694. — **Le Purgatoire,** ou les désolations de l'âme souffrante; in-8°, 320 pp. J.-P. Douladoure. 2me édit. en 1695 *(ibid.)*.

1696. — **Le Saint Esprit,** ou ses apparitions sous la forme de feu; in-8°, 320 pp. *(ibid.)*.

1696. — **Les Apôtres,** ou les excellences de l'Apostolat; in-8°, 628 pp. *(ibid.)*.

1697. — **Les Pontifes,** ou les grandeurs du Pontificat; in-8°, 630 pp. *(ibid.)*.

1699. — **Les martyrs,** ou les rigueurs du martyre; in-8°, 634 pp. *(ibid.)*.

1700. — **Les Saints de l'Ordre** de saint François d'Assise; in-8°, 630 pp. *(ibid.)*.

1700. — **Les Saintes,** ou la sainteté des femmes; in-8°, 628 pp. *(ibid.)*.

1700. — **Les Fondateurs des Ordres religieux;** in-8°, 636 pp. *(ibid.)*.

1702. — **Les Saints de l'église Saint-Sernin de Toulouse;** in-8°, 630 pp. *(ibid.)*.

1703. — **Les Saints de l'église métropolitaine de Narbonne;** in-8°, 630 pp. *(ibid.)*.

P. Bénigne de Condom, ..., ✝ 1697.

1665. — **Annales du couvent d'Auch;** M. S. C. signalé par l'abbé Léonce Couture.

16..... — **Registre des miracles** de Notre-Dame de Médoux; M. S. C., signalé par le même abbé *(introuvable)*.

center — 8 —

P. Benjamin de Carcassonne. 16....., ✝ 1708.

1689. — **Histoire de l'église Notre-Dame de l'Abbaye,** où fut établi le couvent des Capucins, en 1592, et récit de cette fondation; M. S. C., in-4° de 188 pp., publié dans le Cartulaire de Mahul, en 1871. Tomes V et VI. Paris, Didron. *(La Province en possède une copie; in-8°, 224 pp.).*

P. Benoit de Bordeaux. ....., ✝ 1691.

1690. — **Les sentiments affectifs** sur la Passion de N.-S. Jésus-Christ, pour tous les jours de l'année *(d'après Bernard de Bologne, sans autre indication).*

P. Bernardin de Condom. ...., ✝ 1651.

1645. — Par ordre du P. Simon de Mont-de-Marsan, provincial, il fut chargé de dresser les *Memorabilia* ou *Annales de la nouvelle Province d'Aquitaine.* Il le fit avec un talent qu'on a le regret de ne pas retrouver dans l'œuvre de ses continuateurs.

P. Bernardin de Flandre, ..., ✝ 1621.

1612. — A cette date, il mit la main au premier essai de la *Chronique* de notre Province naissante dont il aurait été un des principaux ouvriers. Cette œuvre, continuée par le P. Onophre de Bonnes (✝ 1659), n'a pu être retrouvée; mais nous savons qu'elle fut d'un très grand secours aux Annalistes qui reprirent le même travail avec plus d'ampleur.

P. Calixte de Saint-Sever. ...., ✝ 1672.

1658. — **Pastor catholicus,** sive Theologia pastoralis; 3 in-folio. Lyon, Philippe Borde.

1669. — **De præceptis Decalogi et Ecclesiæ;** in-8° *(ibid.).*

1669. — **De peccatis septem mortalibus,** et de Censuris ecclesiasticis; in-8° *(ibid.).*

P. Casimir de Toulouse. ...., ✝ 1673.

1674. — **Atomi peripateticæ**, sive tum veterum, tum recentiorum atomistarum placita, ad neotericæ peripateticæ scholæ methodum redacta; 6 vol. in-12". Béziers, H. Martel.

1674. — **Le triomphe de la Croix** sur la Souveraineté, ou la Vie du duc de Modène, capucin; in-8", 380 pp. Béziers, J. Barbut. *(Ouvrage posthume comme le précédent)*.

1670. — **La Vie pénitente et séraphique** de Sœur Jacquette de Bachelier (1559-1635); in-8", 248 pp. Béziers *(ibid.)*.

1672. — **L'illustre pénitente** de Béziers, ou l'Histoire admirable de Mlle de Bachelier; in-12". Rouen, J. du Mesnil.

1680. — **L'illustre pénitente**, etc. Rouen, Veuve L. Rebourt.

1680. — **L'illustre pénitente**, etc. Rouen, Vaultier Jeune.

1678. — La vanité combattue et surmontée par la fille forte, ou La **Vie pénitente** de Sœur Jacquette de Bachelier. Béziers, J. Barbut. En 1698, autre édition *(ibid.)*.

1843. — La **Vie pénitente et séraphique**, etc. Béziers, Murat.

1915. — **Jacquette de Bachelier** du Tiers-Ordre de saint François, par le P. Guy Duval, O. F. M.; in-12, 192 pp. Toulouse, Ed. Privat. *(Cet auteur a omis de dire que son ouvrage n'était qu'une nouvelle édition rajeunie de celle du P. Casimir de Toulouse)*.

1700. — **La penitente illustre di Beziers**, ovvero : Istoria ammirabile della nobil dama Bachelier, del 3° Ordine di S. Francesco; traduzzione dal Padre Crisostomo da Firenze, capuccino; in-8", Firenze, Michel Nestenus.

> Note. — *Le P. Casimir avait préparé une quatrième partie de cette Histoire, relatant les faveurs et les guérisons obtenues par l'intercession de Sœur Jacquette; ce manuscrit n'a pu être retrouvé.*

P. Célestin de Mont-de-Marsan. ....., ✝ 1650.

1644. — **Tableau chronologique** de l'Histoire de l'Eglise; in-folio. Toulouse, Jean Bondé.

1648. — **Prosopochronica Sacra Scriptura**. Paris, D. Thierry.

1651. — **Speculum sine macula**, in quo Ecclesiæ facies in triplici statu : Naturæ, Legis et Gratiæ, exhibetur. Lyon, P. Borde. *(Les données de Bernard de Bologne imprécises)*.

1659. — **Clavis David**, seu Arcana Scripturæ Sacræ; in folio, 555 pp. Lyon, P. Borde et Claude Rigaud. *(Même observation)*.

16.... — **Cursus theologicus**, in quo ad concordiam revocantur S. Thomas et S. Bonaventura; 2 vol. in-folio *(idem)*.

16.... — **Enchiridion brevissimum Theologiæ mysticæ**.

..... — Industria ac familiaris controversiarum analysis, ex propriis hæreticorum petita principiis.

P. Célestin de Pézenas, ..., ✝ 1700.

1682. — **Recueil de figures astronomiques et géométriques**, signes du zodiaque, planisphère céleste, etc.; 2 M. S. C., in-12° de 186 et 116 pp. *Toulouse, Bibliothèque de la Ville*.

P. Clément d'Ascain, 1700, ✝ 1781.

Le P. Mayeul de Valensolle *(Provence)*, Secrétaire-général de l'Ordre et auteur de la Vie du bienheureux Laurent de Brindes (1786), a inséré dans cet ouvrage la note suivante :

« Le célèbre P. Clément d'Ascain, capucin de la Province d'Aquitaine, dont la France a admiré pendant cinquante ans les rares talents pour la chaire, commença à prêcher n'étant encore que simple diacre. Avant sa mort, arrivée le 26 juin 1781, on l'avait vainement pressé de publier ses sermons. On ne put jamais fléchir sa modestie. Un éditeur intelligent et ami de la gloire de son Ordre, satisfera, nous l'espérons, à l'empressement universel. »

Ces dernières paroles semblent indiquer que l'impression des Œuvres du P. Clément était déjà décidée. Mais la grande Révolution arrivant à grands pas nous aura privés de cet avantage. De nos jours, la Semaine religieuse du diocèse de Bayonne s'est occupée des Écrits du P. Clément; et comme la tradition assure qu'ils sont conservés dans le pays, elle a orienté les recherches dans ce sens.

P. Daniel de Saint-Sever, ..., ✝ 1630.

1611. — **La Christomachie combattue**. Conférence de Lectoure entre le P. Daniel, et Savoys, pasteur protestant; in-8°.
Lyon, J. Pillehotte.

1620. — **Conférence de Pau**, entre le P. Daniel et Paul Car-
les, pasteur protestant d'Orthez; in-8°, 476 pp. Toulouse,
R. Colomiez.

1625. — **Rapport** présenté à Mgr C. Barde, évêque de Car-
pentras et vice-légat d'Avignon, sur les conférences avec les
pasteurs protestants de Nîmes; in-8°. Avignon, J. Bremereau.

16..... — **Commentaires** sur le prophète Ezechiel (inédit).

P. Emmanuel de Viviers, ..., ✝ 1738.

1725. — **Recueil de Mémoires** curieux concernant l'astronomie, l'optique, etc.; in-12°, 58 pp. Paris, Et. Ganeau.

1728. — **Recueil de Mémoires,** etc.; *2me édit. (ibidem)*.

1728. — **Calendrier perpétuel**, comprenant les épactes cor-
rigées, etc.; in-12°, 122 pp. Toulouse. Veuve Henault.

1737. — **Cadran astronomique**, géographique et lunaire;
in-8°, 20 pp. Toulouse, N. Cazanove.

P. Félicien de Mirande, ..., ✝ 1736.

1690. — **Exercices spirituels** pour toutes les actions de la
journée, à l'usage des novices capucins. (Petit ouvrage très
apprécié des contemporains, mais devenu introuvable).

P. Félix d'Azillanet, ..., ✝ 1670.

1653. — **Miracles** opérés par Notre-Dame d'Orient *(Aveyron)*. (Ce précieux *Recueil* est resté introuvable).

P. Fidèle de Pau, 1732, ✝ 1787.

1764. — **Le chrétien par le sentiment;** 3 vol. in-12°, de
350 pp. Paris, M. Lambert.

1765. — **Le philosophe dithyrambique;** in-12°, 380 pp.
Paris, P. de Louvel. 2me édition en 1766; Paris, Vente.

1766. — Oraison funèbre du Dauphin, prêchée à Paris; in-4°, 21 pp. Paris, Vente. *(Cette prédication, diversement jugée, eut quatre éditions)*.

1768. — **Caractères,** ou Religion de ce siècle; in-12°, 480 pp. Bordeaux, J. Chappuis.

1778. — L'homme enrichi du trésor de la vérité; 2 in-12°. Bordeaux, Veuve Calamy.

P. François de Mauléon, ..., ✝ 1696.

16..... — **Méthode** pour bien faire la confession générale.

16..... — **Méthode** pour bien prier et faire oraison.

16..... — **Méthode** pour catéchiser les ignorants.

16..... — **Méthode** pour persévérer dans la grâce de Dieu.

1687. — L'esprit de l'orthographie universelle, contenant la réunion de toutes les langues par un seul caractère. *(Système nouveau d'imprimerie, inventé par le P. François et approuvé avec privilège royal)*.

P. François de Toulouse, ..., ✝ 1678.

1662. — **Jésus-Christ,** ou le parfait Missionnaire *(Manuel de prédication)*; in-8°. Paris, Thierry.

1666-1682. — **Le missionnaire apostolique,** ou sermons utiles à ceux qui s'emploient aux Missions; 12 vol. in-8°, de 6 à 700 pp. chacun, tous imprimés à Paris, chez Thierry, sauf le T. XII, chez Etienne Michalet. Le T. X traite des Mystères de Jésus-Christ, le T. XI des Mystères de la Sainte Vierge (1678), et le T. XII comprend les Panégyriques des Saints.

1884. — **Sermons choisis** du P. François de Toulouse, réédités dans la collection des Orateurs sacrés. T. X et XI. Paris, Migne.

1671. — **Vie de la Vén. Mère Jeanne de Lestonnac,** fondatrice de l'Ordre des Filles de Notre-Dame; in-4°, 473 pp. Toulouse, Jean Pech.

1672. — **La vie et les actions de Madame de Liste,** fondatrice de l'Ordre de la Mère de Dieu; in-8°. Toulouse, Pech.

16..... — **Histoire** de la sainte chapelle de **Notre-Dame du Grau**; in-8°. Toulouse.

P. GABRIEL DE SAINT-MACAIRE. ....., ✝ 1750.

1744. — **Traité d'astronomie** pour dresser les éphémérides futures; M. S. C., in-8", 110 pp. *Bordeaux, Bibliothèque municipale.*

1747. — **Œuvres de géométrie** adressées à l'Académie de Bordeaux; M. S. C. *(ibidem).*

P. GABRIEL DE SAINT-NAZAIRE. ....., ✝ 1698.

1693. — **Annales du couvent de Perpignan**: M. S. C., in-8" de 234 pp., conservé à la Bibliothèque municipale de Perpignan. *(Notre Province en possède une copie).*

1694. — Par ordre du P. Emmanuel de Béziers, provincial, le P. Gabriel dressa le **Recueil chronologique** de tout ce qui concernait la fondation et le progrès de la Province de Toulouse; M. S. C., in-folio conservé aux Archives de la Haute-Garonne. (Après le décès du P. Gabriel, ce RECUEIL fut continué par d'autres annalistes jusqu'à l'année 1749, inclusivement. Le P. Apollinaire de Valence en fit prendre une copie, actuellement conservée aux Archives de la Province de Paris).

P. JEAN DE BORDEAUX. 1624, ✝ 1650.

1640. — **Scriptores ecclesiastici Ordinis Fr. Minor. Capuccinorum**: in-8", 16 pp. Impressum Burdigalæ. *(Ce fut le premier essai de* BIBLIOGRAPHIE FRANCISCAINE *concernant exclusivement notre branche des Capucins. Le couvent de Lucerne en possède un exemplaire. [V. l'Introduction]).*

P. JEAN-BAPTISTE DE CASTELSARRAZIN. 1733, ✝ 1787.

1779. — **Sermons de carême**: 3 vol. in-12" de 332, 335 et 422 pp. Paris, Quillan. *(Ces sermons furent spécialement recommandés à nos religieux par le P. Augustin du Pin, provincial).*

1887. — **Sermons choisis** du P. Jean-Baptiste, réédités dans la collection des ORATEURS SACRÉS. T. LIV. Paris, Migne.

(Contrairement à l'usage de l'Ordre, l'auteur a signé son œuvre du nom de Pradal, qui était celui de sa famille).

1755. — **Idylle** sur l'armée de M. le Marquis d'Héronville, commandant en chef dans la Province de Guyenne; in-8°. Auch, Duprat.

1783. — **Ode à la Sainte Vierge,** présentée à Sa Sainteté Pie VI, par le P. Jean-Baptiste, membre de l'Académie des Arcades, à Rome; in-8°. Montauban, V. Teulières.

P. JÉRÔME DE LARTIGUE. 1700, ✝ 1758.

1737. — **Résumé des Annales de la Province d'Aquitaine,** envoyé à l'Annaliste général, au couvent de Milan. Copie communiquée à notre Province, en 1892, par le Père Gardien de cette ville; in-4°, 50 pp.

P. JOSEPH DE LAHITTE-TOUPIÈRE. 1733, ✝ 1811.

1790. — **Lettre** à Mgr de Latour du Pin, archevêque d'Auch et discours prononcé à la Cathédrale d'Auch, le jour de l'Ascension, 1790; in-8°, 18 pp. *(absque loco).*

1792. — **Lettre** à l'évêque intrus d'Auch; in-12°, 11 pp. *(absque loco).*

1792. — **Preuves** incontestables de l'autorité du Pape dans l'Eglise universelle. Trois brefs de Pie VI contre la Constitution civile du clergé; in-8°, 164 pp. *(absque loco).*

1791. — **Lettre** à M. Sempé *(frère du P. Joseph)* sur plusieurs points de dogme et de discipline; in-8°, 13 pp. *(absque loco).*

1799. — **Avertissements** du missionnaire Paul *(P. Joseph)* aux soi-disants catholiques des diocèses de Lescar, Tarbes et Oloron, sur l'obéissance due aux pasteurs légitimes, libres ou captifs, et sur l'obligation de fuir les ministres schismatiques; in-8°, 48 pp. Lescar.

1790-1800. — **Correspondance** du P. Joseph avec M. J.-L. de Viela, vicaire-général de Lescar, publiée pour la première fois dans l'ECHO RELIGIEUX DES PYRÉNÉES, en 1875 et 1876, puis dans les Études historiques du diocèse de Bayonne, en 1901 et 1902.

1801. — **Correspondance** avec le prêtre insermenté Jean Julien, de Montaut; in-8°, 88 pp. Pau, Sisos et Tonnet.

1818. — **Relation** de la tentative d'empoisonnement du P. Joseph à Bosdarros *(avec du vin de messe)*, adressée par lui-même au plus endurci de ses persécuteurs; in-12°, 32 pp. Pau, impr. de Véronèse.

1820. — **Adieux du P. Joseph Sempé** (nommé curé-doyen de Pouillon) *(Landes)* aux habitants de Bosdarros *(Basses-Pyrénées)*, ses anciens paroissiens; in-12°, 20 pp. Dax, Etienne Seize.

1818. — **Vie de saint Orens.** *(Le P. Joseph fit appel à la générosité des paroissiens de Bosdarros pour la faire imprimer; mais il ne paraît pas qu'elle ait été publiée).*

P. Léonard d'Auch, 1741, ✝ 1790.

1769. — **La Règle du Tiers-Ordre** de saint François avec commentaires; in-12°. Paris, Aug. Lottin.

1782. — **Histoire de la vie du P. Ambroise de Lombez;** in-12°, 336 pp. Toulouse, D. Desclassan.

R^{me} P. Léonard de Trapes, 1617, ✝ 1629.

1621. — **Décrets synodaux** du diocèse d'Auch, établis par cet archevêque; in-4°, 132 pp. Toulouse, R. Colomiez.

1609. — Le 6 octobre, il érige la Confrérie de Notre-Dame de Garaison, en présence du cardinal de Sourdis, archevêque de Bordeaux et de l'évêque de Tarbes, Salvat Diharce. Ces trois prélats furent les premiers inscrits. *(Cette confrérie existe encore. Le P. Marie-Antoine y fut inscrit en 1852).*

P. Louis de Miradoux, 1727, ✝ 1773.

1745. — **Abrégé de l'Histoire des Capucins** de la Province d'Aquitaine: M. S. C. in-4° de 92 pp., conservé chez M. Osmin Massias, à Longueville, près Marmande. *(Notre Province en possède une copie; in-4°. 165 pp.).*

— 16

P. Martial de Brive. ....., ✠ 1650.

1649. — **Le siècle illuminé**, ou Exercice de piété pour vivre
spirituellement dans le monde; in-12". Brives.

1655. — **Œuvres poétiques et saintes** du P. Martial. Dix
sujets traités; in-8". Lyon, Alex. Fumeux.

1660. — **Le Parnasse séraphique** et les derniers soupirs de
la muse du P. Martial. Grandeurs de Dieu, de Jésus et de
Marie; in-8", 420 pp. Lyon, F. Demasso.

1677. — **Cantiques spirituels** édités après le décès du
P. Martial, par le P. Zacharie de Dijon *(et plus tard, par le
célèbre P. Surin. Jésuite)*; in-8", 116 pp. Paris, R. Guignard.
1679, 2ᵐᵉ édition; 1731, autre édition. Paris, Edme Cou-
terot.

1680. — **La sainte Solitude**, Ermitage de Saint-Vincent, à
Agen; in-8", 30 pp. Agen, J. Gayau.

16..... — **Epitaphes** du duc d'Epernon et du cardinal de Riche-
lieu; M. S. C. *Bordeaux. Bibliothèque municipale.*

16..... — **Paraphrase** des Litanies de la Sainte Vierge et de divers psaumes en vers français; in-8".

P. Matthieu de Monségur. ....., ✠ 1739.

17..... — **Vie de saint Félix de Cantalice**.....

1772. — **Vie du P. du Vergier de Barbe, S. J.**; in-12",
233 pp. *(Un exemplaire à la Bibliothèque de Bordeaux).*

P. Maximin de Guchen. 1634, ✠ 1654.

1643. — **Descriptio chorographica** omnium provinciarum
et conventuum Ordinis Capuccinorum; in-4" oblong. Cet
atlas fut dessiné et gravé à Bordeaux, puis édité à Rome,
au couvent généralice, en 1643. Il eut une 2ᵐᵉ édition en
1646, une 3ᵐᵉ à Turin, en 1649, et une 1ᵐᵉ, en 1654 *(ibid.).*

P. Méliton de Perpignan, ..., ✠ 1755.

1738. — **Les Epactes grégoriennes** éclaircies et justifiées...
et étendues depuis la création du monde jusqu'à dix mille

ans après la venue de Jésus-Christ: in-8°, 173 pp. Toulouse, J. Bellier.

1743. — Cet ouvrage eut une 2™ édition augmentée; in-8°, 285 pp. Toulouse, G. Hénault. Il fut approuvé par les Académies de Paris, de Toulouse et de Montpellier.

1895. — Une 3™ édition a été publiée de nos jours, par les soins de M. l'abbé Colomer, professeur au Grand Séminaire de Perpignan.

1724. — **Traité des carreaux de deux couleurs,** mi-partis par une diagonale; M. S. C., in-F°. Perpignan, *Bibliothèque municipale.*

P. MICHEL DE CASTELFRANC. ....., ✠ 1675.

Le P. Bernard de Bologne signale dans sa BIBLIOTHECA CAPUCCINORUM. *seize ouvrages composés par ce religieux, et dont quelques uns seulement auraient été publiés. Tous sont demeurés introuvables.*

1. Antidote contre le jansénisme. 3 vol.
2. De la sainteté imaginaire de Jansenius et des Jansénistes.
3. Traité contre les appelants du Pape au Concile général.
4. De la suprême autorité de S. Pierre et de ses successeurs.
5. De l'infaillibilité du Souverain Pontife en matière de foi.
6. Le faux Evangile de Genève, en opposition avec le véritable Evangile de Jésus-Christ, 2 vol.
7. Réfutation du livre d'Arnaud, janséniste, contre la communion fréquente.
8. Réfutation du livre du même Arnaud sur la perpétuité de la Foi.
9. Triomphe du Jubilé. Réfutation d'un catéchisme contraire à la doctrine de l'Eglise.
10. Défense des privilèges des Réguliers, concernant la confession pascale.
11. Histoire générale de tous les Conciles, depuis S. Pierre jusqu'à nos jours, 6 vol.
12. — Réfutation de tous les articles de la confession de foi calviniste.
13. Sermon sur la sainte Eucharistie.

14. Sermons sur les Fêtes, la Sainte Vierge et les Saints, 2 vol.
15. Divers traités sur la philosophie, 2 vol.
16. Traité sur les changes, les contrats et l'usure.

P. MICHEL-ANGE DE FIGEAC, ... † 1659.

16..... — **Règle et Testament** de N. S. P. S. François, suivis de décrets et déclarations des SS. Pontifes et des Pères de l'Ordre; M. S. C. in-32, 1115 pp. *Arch. Bibliothèque municipale.*

16..... **Supplément** sur quelques chapitres de la Règle; M. S. C. 174 pp. *(ibidem).*

P. NICOLAS DE PAU, 1721, † 1767.

1743. — **Cours de philosophie et de théologie**; M. S. C. in-F. *Bibliothèque du couvent de Toulouse.*

FR. PHILIPPE DE MADIRAN, 1767, † .....

1786. — **Triomphe de la grâce** dans une âme qui, l'ayant perdue, la retrouve dans la Retraite, par l'abbé J. D. C. (Jean Dousseau); in-12°, 132 pp. Montauban, V. Teulières.

1786-1788. — **Pèlerinage à Rome** et aux Sanctuaires franciscains d'Italie. Journal de voyage; M. S. C. in-8°, 432 pp. Madiran. Archives de la famille Daries. (*Notre revue* ORIENT *le publie depuis le mois de décembre 1926*).

1789. — **Esquisse des vertus du Vén. P. Ambroise de Lombez**: M. S. C. in-F., 22 pp. (composé au couvent de Cahors). Madiran. Arch. Daries. (*Notre Province en possède une copie*).

1798. — **La Semaine chrétienne**; M. S. C. in-8°, 200 pp. (Composé au couvent de Lérin, en Navarre, où l'auteur s'était réfugié pendant la Révolution (*ibidem*).

1800. — **Abrégé** de la vie de Bernard Daries (de Madiran) de l'Académie des Arcades, à Rome, ancien précepteur de l'infant Louis de Bourbon: M. S. C., in-F. 130 pp. (*ibidem*).

P. Prosper de Rodez. ....., ✝ 1711.

1682. — **Histoire généalogique** des maisons royales d'Europe, en 1680; 2 vol. in-4°, M. S. C., 292 et 210 pp. *Bibliothèque du couvent de Toulouse.*

1683. — **Histoire généalogique** de quelques grandes maisons de France; 2 vol. in-4°, M. S. C., 405 et 767 pp. (*ibid.*).

P. Séraphin de Moissac, ..., ✝ 1692.

1680. — **Oraison funèbre** du marquis de Bournazel, sénéchal du Rouergue; M. S. C. conservé à Vios, près de Réquista, maison Gabriel Nouyel.

P. Sixte de Trespoux, 1756, ✝ 1818.

1810. — **Le chapelet médité** selon l'esprit de saint François; M. S. C. in-4°, présenté au Père Général pour l'approbation (obtenue), mais resté introuvable.

À la suite des auteurs d'ouvrages imprimés ou manuscrits, il convient de mentionner aussi les religieux qui se distinguèrent dans les beaux-arts :

P. **Luc de Rouen** (✝ 1643), artiste-peintre, dont on peut voir encore, à l'église Sainte-Croix de Bordeaux, quelques tableaux qui proviennent de notre ancien couvent.

Fr. **Vital de Saint-Étienne** (*Hérault*), que son rare talent pour la peinture fit appeler à Rome pour y rendre des services de son art. Il mourut en 1671.

Fr. **Antoine de Lagrasse** (✝ 1683) qui manifesta un talent remarquable pour la sculpture. Quelques statues de la Sainte Vierge, vénérées dans plusieurs de nos anciens couvents, étaient son œuvre.

Auteurs anonymes.

1582. — **Memorabilia præcipua provinciæ Aquitaniæ seu Tholosæ**, Fr. Minor. Ord. S. Francisci Capuccinorum, piæ posteritati dicata, ab anno 1580, et deinceps. *(Le titre seul est en latin).* M. S. C., in-1° conservé aux Archives de la Haute-Garonne.

Après la division officielle de 1630, ces Annales traitent exclusivement de la Province de Toulouse ou Languedoc, et jusqu'à l'année 1729. *(Notre Province en possède une copie en 2 vol. in-8° de 1175 pp.).*

1624. — **Conférence de Saint-Antonin,** entre Pierre Ollivier, pasteur protestant de Montauban et le P. Pascal de Tarbes, Gardien des Capucins de la même ville; in-8°, Montauban.

1620. — **Conversions signalées** faites par les Capucins du Poitou. Heureux succès du voyage de Louis XIII en Béarn, où il protège les Capucins; in-8°, Paris. *(La Province en possède une copie de 62 pp. in-8°).*

1629. — **La Conversion** de M. de Demerville, pasteur protestant de Gontaut *(Lot-et-Garonne).* Son abjuration dans l'église des Capucins de Bordeaux; in-8°, Bordeaux, P. de Lacourt. *(Cette conversion est attribuée au P. Victor de Bordeaux (✝ 1638), et la susdite notice a été réimprimée dans la* Revue de l'Agenais, *en 1881).*

1640. — **Memorabilia præcipua provinciæ Aquitaniæ...** piæ posteritati dicata, ab anno 1582, et deinceps. *(Le titre seul est en latin).* M. S. C., in-folio de 318 pp. conservé aux Archives municipales de Bordeaux.

Jusqu'en 1640, ces Annales, commencées par le P. Bernardin de Condom (✝ 1651), reproduisent même en les complétant les Memorabilia de Toulouse. Mais après cette date, elles ne traitent que de la seule Province d'Aquitaine, et jusqu'à l'année 1781. Le tome second de ce précieux travail n'a pu être retrouvé. Notre Province possède une copie des Memorabilia de Bordeaux en 4 vol. in-4°. Celle-ci fut recopiée par le P. Apollinaire de Valence en deux petits in-folios, également acquis par la Province.

1664. — **L'interdit de deux Pères Capucins** dans la ville et le diocèse de Toulouse; in-4°, 15 pp. Toulouse. *(Leur zèle à combattre le Jansénisme leur valut cet honneur).*

1664. — **L'Alliance des Dominicains avec les Capucins**

au sujet du Jansénisme à Toulouse; in-4°, 29 pp. *(absque loco)*.

166... — **Justification des Capucins** contre le *factum* calomniateur du promoteur d'Alet; in-4°, 60 pp. *(absque loco)*.

1693. — **Recueil chronologique** des choses concernant la fondation et les progrès de la Province de Toulouse; M. S. C., in-folio.

Commencé par le P. Gabriel de Saint-Nazaire (✝ 1698), ce Recueil fut continué par d'autres Annalistes jusqu'à l'année 1749, inclusivement. Le P. Apollinaire de Valence en fit prendre une copie, actuellement conservée aux Archives de la Province de Paris, à laquelle appartenait ce religieux.

1684. — **Le Capucin de Guyenne,** 2 vol. de pénible controverse (inter Fratres). Cet ouvrage fut condamné par le P. Timothée de Lominé, provincial de Bretagne, pour lors Visiteur de la Province d'Aquitaine.

1753. — **Cantiques spirituels français et gascons,** pour les Missions des PP. Capucins; in-18°, 48 pp. Condom, Jacques Larroire.

1753. — **Cantiques des Pères Capucins** pour la Mission de Cahors; in-18°, 72 pp. Cahors, François Richaud. *(Le P. André de Beaucaire dirigeait cette Mission).*

17..... — **Manual de Cantichs.** Missions des Capucins du Roussillon; 2ᵐᵉ édition. Perpignan, Jaume Dupuy.

1776. — **Cantiques spirituels** pour les Missions des PP. Capucins; nouvelle édition augmentée; in-18°. Auch.

1785. — Autre édition, in-16°, 144 pp. Toulouse, Gaspard.

1762. — **Arrêt du Parlement de Bordeaux,** du 18 août, sur la Mission de Clérac *(Clairac | Lot-et-Garonne |)* desservie par les Jésuites, et maintenant confiée aux Capucins; in-12°. Bordeaux.

1783. — **Ode** sur la Vie et la béatification du **Vén. P. Laurent de Brindes,** par le J. Jean-Baptiste de Cadillac; in-8°, 16 pp. Bordeaux.

1786. — **Indulgence de la Portioncule,** qui se gagne tous les ans dans l'église des Capucins de Montpellier; in-12°.

1754. — Etat de la Province de Languedoc. Religieux et Communautés; 20 pp., gr. in-4". (Transcrit de l'original aux Archives générales, en 1893).

1754. — Etat de la Province d'Aquitaine. Religieux et Communautés; 22 pp., gr. in-4". (Transcrit comme le précédent).

1780. — Catalogue général des Capucins de la Province d'Aquitaine au 23 juin 1780 (Chapitre de Villeneuve), suivi du Nécrologe de 1760 à 1790; M. S. C., in-24", 90 pp. Archives de la Province.

1789. — Etat des Capucins de la Province d'Aquitaine après le Chapitre de Médoux, célébré en octobre; in-4", 14 pp. (Il fut présenté au Gouvernement, par le P. Alexis de Casseneuil, provincial, le 7 avril 1790. *Copié aux Archives nationales*).

OUVRAGES DIVERS CONCERNANT NOS ANCIENNES PROVINCES.

1693. — Visite canonique de la Province d'Aquitaine (en février-mars), par le P. Bernardin d'Arezzo, Ministre général. Intéressante description de nos anciens couvents, par le P. Philippe de Florence, secrétaire du Père Général; in-4", 40 pp. Archives de la Province de Toscane. (*La nôtre en possède une copie*).

1843. — Notice sur Notre-Dame du Grau, par M. L. M. (*abbé Martin, d'Agde*); in-16". Béziers, Gravié.

1860. — Pèlerinage à Notre-Dame d'Orient, par Louis Jammé, avocat; in-18", 318 pp. Saint-Affrique, Maurel.

1868. — Notre-Dame du Grau, depuis la Révolution jusqu'à nos jours, par l'abbé Mariès; in-24", 16 pp. Montpellier, J. Martel.

1874. — Biographie du R^{me} P. Léonard de Trapes, archevêque d'Auch, par le P. François de Bénéjac; Annales franciscaines, 1874-76-79.

1881. — Etude ascétique sur la Vie et les Œuvres du P. Ambroise de Lombez, par le P. François de Bénéjac; in-12", 96 pp. Saint-Etienne, Forestier.

1882. — Notice biographique et critique de la Vie et des

écrits du **P. Ambroise de Lombez,** par Jules Frayssinet.
Revue de Gascogne, pp. 539 à 548.

1884. — **L'Ordre de saint François d'Assise en Roussillon,** par Mgr Tolra de Bordas; in-12", 553 pp. Perpignan, Latrobe.

1884. — Notice sur l'établissement des **Capucins à Lectoure,** par Eug. Camoreyt. Revue de Gascogne, pp. 226 à 235.

1884. — **Le P. Polycarpe de Marciac,** par l'abbé Douais (depuis Mgr Douais); in-8". Paris, Picard. (*Extrait de nos Memorabilia*).

1886. — **Manuel du pèlerin de Notre-Dame du Grau,** par l'abbé Vidal; in-24", 72 pp. Montpellier, J. Martel.

1887. — **Notre-Dame de Médoux,** par l'abbé Alexis Théas, vicaire-général du diocèse de Tarbes; in-8", 293 pp. Paris, Lethielleux. Nouvelle édition augmentée et illustrée, en 1898; in-12", 405 pp. Tarbes, Clément Larrieu.

1888. — **Capucins et huguenots** dans le Languedoc sous Henri IV, Louis XIII et Louis XIV, par l'abbé Douais; in-8°. 55 pp. Lyon, Vitte et Perrussel. (*Extrait de la Controverse*).

1888. — **Le P. Martial de Brive.** La muse séraphique au XVII° siècle, par Clément Simon; in-8", 81 pp. Paris, Honoré Champion. (*Extrait de la Revue archéol. de la Corrèze*).

1890. — Monographie de Graulhet, par Maurice Bastié; in-8", 192 pp. Albi, H. Amalric. (*Notice sur notre ancien couvent*).

1891. — **Les Capucins de Béziers** et le président Pierre d'Ausserre (1593). Lettres à Henri IV, par l'abbé Douais; in-8". 8 pp. Toulouse, Privat (*Extrait des Archives des Capucins de Languedoc*).

1892. — **Etudes franciscaines** sur la Révolution, dans le département de la Haute-Garonne, par le P. Apollinaire de Valence; in-8", 80 pp. (*ibidem*).

1892. — **Conversion** et dernières années du Connétable Henri de Montmorency (1595-1614), par le P. Apollinaire de Valence; in-8", 12 pp. Nîmes, Gervais-Bedot.

1892. — **Essai de martyrologe** de tout l'Ordre des Frères Mineurs pendant la Révolution française, par le P. Edouard d'Alençon; in-8", 47 pp. Paris, Poussielgue.

1892. — **Intervention du P. Ange de Joyeuse** dans les affaires du Languedoc (1591), par le P. Apollinaire de Valence, in-8°, 15 pp. Nîmes, Gervais Bedot.

1893. — **Le P. Martial de Brive,** par le chanoine Arbellot; in-8°, 72 pp. Tulle, Crauffon.

1894. — **Les écrivains gascons de l'Ordre des Capucins,** par Léonce Couture; in-8°, 12 pp. Revue de Gascogne.

1894. — **Monographie du couvent de Bordeaux** (1601-1791), par l'abbé L. Bertrand, sulpicien; in-8°, 30 pp. *(Histoire des Séminaires de Bordeaux et Bazas, T. Ier).*

1894. — **Le P. Clément d'Ascain,** capucin et prédicateur célèbre (1696-1731), par l'abbé P. Haristoy, curé de Ciboure; in-8°, 15 pp. Pau, Vignancour.

1894. — **Les Origines des Capucins en Languedoc,** par le P. Apollinaire de Valence; in-8°, 50 pp. Nîmes, Impr. Générale. *(Réédité dans son* HISTOIRE DES CAPUCINS).

1894. — **Bibliotheca Fr. Minor. provinciarum Occitaniæ et Aquitaniæ,** auctore P. Apollinare a Valentia; in-4°, 177 pp. Romæ apud præfectum Archivi generalis Capuccinorum. *(De 1582 à 1894).*

1894. — **Les libertés gallicanes** et la Province d'Aquitaine, au sujet du Chapitre triennal de 1679, par le P. Edouard d'Alençon; in-folio, 8 pp. Rome, Analecta ecclesiastica.

1894. — **Documents** pour servir à l'Histoire de l'établissement des Capucins en France (1568-1585), anonyme; in-12°, 101 pp. Paris, Mersch.

1895. — Un grand missionnaire capucin au XVII° siècle. **Vie et Missions du P. Honoré de Cannes** (1632-1691), par le P. Henri de Grèzes: in-8°, 338 pp. Paris, Poussielgue. *(Le P. Honoré évangélisa plus de cinquante villes du Languedoc et de l'Aquitaine, avec des collaborateurs de ces deux Provinces, et y organisa pour l'avenir des Missions périodiques).*

1896. — **Etudes franciscaines** sur la Révolution dans le département des Landes, par le P. Apollinaire de Valence; M. S. C., in-4°, 12 pp. Complétées par le P. Irénée.

1897. — Toulouse chrétienne. **Histoire des Capucins** (1582-1791), par le P. Apollinaire de Valence; 3 vol. in-8° de 440, 521 et 440 pp. Toulouse, Privat. *(Jusqu'en 1640, l'au-*

*teur traite de la primitive Province, comprenant le Langue-
doc et l'Aquitaine. Après cette date, son ouvrage ne concerne
que la seule Province de Languedoc.*

1898. — **Notice sur Villemur,** par Amédée Sevène; in-8°,
200 pp. Villemur, impr. Brusson. (Notes complémentaires
sur l'ancien couvent des Capucins, recueillies par M. Brusson; M. S. C., in-4°, 16 pp.

1898. — La fondation des couvents des Capucins, **à Dax,
Saint-Sever et Genade-sur-Adour,** par l'abbé Daugé; in-
12°, 14 pp. Aire, J. Labrouche. *(Extrait de nos* MEMORABI-
LIA *de Bordeaux).*

1903. — Etude historique sur le **couvent des Capucins de
Vinça** *(Pyrénées-Orientales)* (1589-1793), par l'abbé
J. Sarrète; in-8°, 40 pp. Vannes, Lafolye.

1903. — **Le Tiers-Ordre franciscain à Vinça,** avant la
grande Révolution, par le même auteur; in-8°, 22 pp. Paris,
Mersch.

1904. — **Couvent des Capucins de Marans** *(Charente-Inférieure).* par Paul Fleury; in-8°, 58 pp. La Rochelle.

1904. — **L'Ordre franciscain dans le Montalbanais,** par
l'abbé Camille Daux; in-8°, 136 pp. *(vingt-deux pages sur
les Capucins).* Montauban, Forestié.

1908. — **Le P. Ambroise de Lombez,** par M. le chanoine
Bénac, Vicaire-général d'Auch; in-12°, 228 pp. Paris, Poussielgue. *(Bibliothèque franciscaine).*

1908. — **La peste de 1630** à Cazères-sur-Garonne (et le
P. Philippe de Francon), par l'abbé E. Espagnat, curé-
doyen: in-8°, 52 pp. Saint-Gaudens.

1911. — **Le P. Cyprien de Catus** (1765-1830), par l'abbé
Lacavalerie; in-8°, 24 pp. *Extrait des Etudes franciscaines.*

1912. — **Les Cordeliers et les Capucins dans l'Aveyron,**
en 1774; in-8°, 25 pp. Société des Lettres, Rodez. T. XVIII.

1913. — **Les Capucins à Angoulême,** en 1611; in-8°, 14 pp.
Société des Etudes de la Charente.

1913. — **Les Capucins à Vic-Fezensac;** in-8°, 10 pp. Société
archéologique du Gers.

1923. — **Le P. Bruno de Montfort** (✝ 1838), par le cha-

noine Verdier; in-12°, 35 pp. Bulletin paroissial d'Amou
(*Landes*).

1921. — **Le P. Clément d'Ascain**, par le chanoine Daranatz,
in-8°, 17 pp. Bayonne, Foltzer. (*Notice inexacte sur plusieurs
points*).

1922. — **Les trois Ordres de saint François à Carcassonne**, de 1559 à 1781, par le P. Ubald d'Alençon; in-8°,
30 pp. Revue d'Histoire franciscaine.

1924. — **Les martyrs de l'Ordre franciscain** pendant la
grande Révolution, par le P. Armel d'Etel. (*Sous ce titre, et
depuis le mois de juin 1924, l'auteur publie dans les* ANNA-
LES FRANCISCAINES *une Étude très poussée sur ces martyrs,
sans distinction de Provinces*).

1924. — **Nos martyrs** de la grande Révolution, par le P. Justin de Montagnac; in-8°, 20 pp. Ottawa. Echo de S. François.

1925. — **Les historiens de la Révolution et la question
des Réguliers**, par le P. Armel d'Etel; in-8°, 60 pp. (*Travail extrêmement important qui renverse les fausses données
d'un grand nombre d'historiens de la Révolution, en remet-
tant les choses au point*). Extrait des Études franciscaines.

1920. — **Le P. Anaclet de Beaunotte** (*capucin du couvent
d'Angoulême*), par le P. Ubald d'Alençon; in-8°, 12 pp.
Paris, libr. Saint-François.

Quelques ouvrages mentionnés dans la DEUXIÈME PARTIE
se rapportent aux anciennes Provinces :

L'ancien couvent des Capucins de Millau, par le P. Hilaire de
Niort.

L'ancien couvent de La Rochelle, par le P. Séraphin de Villespy.

La Province d'Aquitaine sous la période révolutionnaire, par le
P. Irénée d'Aulon.

Nécrologie de la Province d'Aquitaine (1582-1792), par le
même auteur.

DEUXIÈME PARTIE

Auteurs d'ouvrages depuis la Restauration de la Province

P. ALEXIS DE BARBEZIEUX, 1887, ✝ ....

1891. — **Retraite** au cercle VILLE-MARIE, à Notre-Dame de Bon Secours de Montréal; in-18°, 174 pp. Montréal, Impr. du Commerce.

1892. — **Conférences sur l'Encyclique de Léon XIII** : *De la condition des Ouvriers*, prêchées aux Sociétés ouvrières d'Ottawa; in-12°, 246 pp. Montréal, impr. des Sourds-Muets.

1895. — **L'Evangile ou la Vie de N.-S. Jésus-Christ**, d'après la concordance des quatre Evangiles; in-16°, 558 pp. Limoges, Barbou. En 1899, édition canadienne à Montréal.

1897. — **Histoire de la Province ecclésiastique d'Ottawa** et de la colonisation de la vallée de ce nom; 2 vol. in-8° de 610 et 530 pp. Ottawa, Cie d'imprimerie.

1909. — **Oraison funèbre** de Mgr Duhamel, archevêque d'Ottawa; in-18°, 24 pp. Québec, impr. de l'Action Sociale Catholique.

1909. — **L'Eglise catholique au Canada.** Précis historique et statistique à l'occasion du premier Concile; in-12°, 40 pp. (*ibidem*). — 2me édition en 1914; 3me édition complète en 1923 (*ibidem*).

1910. — **Les derniers jours du Sauveur.** Considérations sur sa Passion; in-12°, 497 pp. Paris, Casterman.

1912. — **Sermon sur le socialisme**; in-8°. Action Sociale.

1913. — **Le prêtre en retraite**; in-12°, 526 pp. Toulouse, Voix Franciscaines.

1913. — **Le religieux en retraite**; in-12", 528 pp. *(ibidem)*.

1913. — **La famille chrétienne**; in-12", 183 pp. *(ibidem)*.

1918. — **Faillite de l'autorité** dans la famille et dans la société; in-24", 60 pp. Québec, Action Sociale.

1920. — **Le chrétien en retraite**; in-12", 170 pp. Paris, P. Téqui.

1921. — **Histoire de Limoilou**; in-12", 130 pp. Québec, Action Sociale.

1927. — **Lectures évangéliques** pour tous les jours du mois de Marie; in-12", 360 pp. Paris, Téqui.

1928. — **Le Canada héroïque et pittoresque**; in-8° illustré, 324 pp. Bruges, Desclée et Cie.

ARTICLES PUBLIÉS DANS LES REVUES.

1895. — **Naissance d'une ville** et d'un diocèse au Canada. Cinq articles parus dans l'Echo de Saint-François, de Toulouse.

1899. — **L'Eglise catholique et le progrès**; in-8", 20 pp. Paris, Etudes franciscaines.

1899. — **La dépopulation** et l'avenir de la race française; 26 pp. *(ibidem)*.

1901. — **La Louisiane**; 30 pp. *(ibidem)*.

1902. — Une paroisse canadienne. **Saint-François d'Hintonbourg**, à Ottawa; in-8", 20 pp. Québec, Nouvelle France.

1908. — **Un voyage à La Guadeloupe**. Etude sur les Antilles; in-8", 35 pp. *(ibidem)*. *(Tirage à part)*.

1910. — **La conversion de saint Ignace**; in-8", 12 pp. *(ibidem)*.

1910. — **Le Clergé régulier** et les Communautés religieuses au Canada; Etudes franciscaines. Edition canadienne augmentée.

1928. — **Le catholicisme au Canada**. Liège, Pensée catholique.

P. ALFRED DE CAROUGE, 1855, ✝ 1911.

1888. — **Le Tiers-Ordre**, remède social et sanctification du prêtre; in-12", 243 pp. Toulouse, impr. Saint-Cyprien.

1899. — **La piété sacerdotale** et saint François; in-8°, 16 pp. Etudes franciscaines.

1902. — **Une Mission en Ethiopie** (Gallas); in-12°, 388 pp. Paris, Œuvre de Saint-François d'Assise.

P. ALOYS DE MOULINS, 1899, ✝ .....

1908. — **Un traité de la communion fréquente** en plein Jansénisme (d'après le Vén. P. Ambroise de Lombez); in-12°, 42 pp. Toulouse, Voix Franciscaines.

1913. — **Discours à Notre-Dame de la Daurade**, sur l'Œuvre des Vieillards délaissés; in-16, 23 pp. Toulouse, Ant. Gay.

1915. — **Ma vocation** (anonyme); in-12°, 108 pp. Voix franciscaines.

1925. — **Ma vocation à l'Ordre de saint François.** Edition canadienne; in-8°, 70 pp. Ottawa, Echo de Saint-François.

1917. — **L'Ordre des Frères-Prêcheurs.** Discours sur le VII° Centenaire; in-16°, 24 pp. Toulouse, Privat.

1921. — **Panégyrique de saint Thomas d'Aquin,** prêché à Saint-Sernin; in-12°, 15 pp. Toulouse (*ibidem*).

1923. — **Discours** sur le cinquantenaire de la chapelle des Sœurs de La Puye; in-16°, 20 pp. La Puye, maison-mère.

1928. — **Circulaire du 6 avril,** annonçant à la Province l'INTRODUCTION DE LA CAUSE DE BÉATIFICATION DU P. MA-RIE-ANTOINE. (*L'ouverture du procès informatif se fit le 15 mai, dans la chapelle de l'Archevêché de Toulouse*).

1907 à 1922. — Principal rédacteur des Voix Franciscaines.

P. AMBROISE DE BERGERAC. 1847, ✝ 1871.

Publications antérieures à son entrée dans l'Ordre, sous son nom d'abbé P. Guines, curé-doyen de Terrasson, puis archiprêtre de Ribérac.

1843. — Vingt-huit entretiens sur la Règle et les Constitutions des Clarisses de Limoges: M. S. C., in-4°, conservé par les Clarisses de Périgueux.

1844. — **La Religion** en aide au malheur ; in-12°, 234 pp. Paris, Le Normant.

1845. — **Le livre des Vierges** ; 2° édition augmentée ; in-16°, 320 pp. Limoges, Barbier Frères. — 3° édition en 1861 (*ibidem*).

1846. — **Appel à la France** en faveur des Ordres religieux ; in-8°.

1853-1854. — **Divers sermons** publiés dans l'ENSEIGNEMENT CATHOLIQUE.

1860. — **Œuvres spirituelles** de la Vén. Mère Jeanne de Matel, fondatrice de l'INSTITUT DU VERBE INCARNÉ ; 2 vol. in-12°, 100 pp. Lyon, Périne.

1860. — **Notice** sur sainte Gracieuse et le culte des Saints ; in-12°, 32 pp. Carcassonne, L. Pomiés.

1860. — **Manuel des Frères et des Sœurs du Tiers-Ordre** (en collaboration avec le P. Bruno de Vinay, et sur l'ordre du P. Salvator d'Ozieri. Ministre général) ; in-24°, 680 pp Paris, Poussielgue. — 2° édition en 1870 ; 3° édition en 1881. Paris (*ibidem*).

1862. — **Indulgence de la Portioncule** ; in-24°, 82 pp. Périgueux, Lavertu et Bonnet. Opuscule réédité en 1867, 1872 et 1878.

1863. — **Histoire de sainte Valérie** de Limoges ; in-12°, 184 pp. Paris, Régis Ruffet et C°.

1866. — **Histoire de saint Léocade et saint Ludre** ; in-16°, 178 pp. Paris, Veuve Poussielgue.

1867. — **Histoire d'Ambialet et de N.-D. de l'Oder** (*Albi*) ; in-12°, 175 pp. Montauban, Forestié.

1867. — **Oraison funèbre** du capitaine de Veaux, officier des zouaves pontificaux, tué à Mentana ; in-18°.

1867. — **Vie de Sœur Angèle de la Croix**, Clarisse de Périgueux, et biographie de Jeanne Blondel (devenue Mère Jeanne de Saint-Paul, fondatrice du même couvent) ; in-8°, 300 pp. Périgueux, J. Bonnet.

1868. — **Le livre de la Vie intérieure** ; in-12°, 322 pp. Périgueux (*ibidem*).

1869. — **Le guide des adolescents,** avant et après la première communion; in-12°, 350 pp. Paris, Victor Sarlit.

1869. — **Panégyrique de saint Vincent de Paul** *(à Saint-André d'Angoulême)*; in-8°, 30 pp. Paris, Donnaud.

1870. — **Une page de la grande Révolution,** ou Histoire des Capucines de Marseille, de 1789 à 1803; in-12°, 200 pp. Paris, Taranne. — 2me édition en 1888; Paris, Téqui.

1873. — Un prêtre modèle, ou la **Vie de Jean-Baptiste Macerouze,** curé de Bergerac; in-8°, 254 pp. Bergerac, Roay. *(Ouvrage posthume, édité par le P. Charles de Libourne).*

..... — Un **Carême,** un **Mois de Marie,** une **Retraite aux religieuses,** et d'autres manuscrits du P. Ambroise, ont été avantageusement utilisés par plusieurs prédicateurs de notre Province.

P. Berchmans de Clermont, 1881, ☩ .....

1914. — **Explication de la Règle du Tiers-Ordre,** ajoutée au Manuel séraphique du P. Marie-Antoine, par ordre du P. Provincial. Toulouse, Voix Franciscaines.

1928. — **Articles** pour guider les témoins appelés au procès canonique de béatification du P. Marie-Antoine; in-4°, 21 pp. Toulouse *(ibidem)*. *Office du vice-postulateur.*

P. Candide de Nant, 1889, ☩ .....

1906. — **Port-Royal** en 1650; in-8°, 11 pp. Québec, Revue de la Nouvelle France.

1909. — **Au pays de Montcalm;** in-8°, 30 pp. *(ibidem)*.

1910. — **Le XXI° Congrès eucharistique international,** célébré à Montréal (Canada); 13 pp. Etudes franciscaines.

1911. — Silhouettes de missionnaires : **P. Léonard de Chartres;** in-8°, 10 pp. Québec, Nouvelle France.

1928. — Pages glorieuses de l'épopée canadienne. **Une Mission capucine en Acadie (1632-1655).** gr. in-8°, 338 pp. Paris, librairie Saint-François.

1911 à 1913. — Principal rédacteur de l'Echo de Saint-François, du Canada.

1922 à 1925. — Principal rédacteur des Voix Franciscaines, de Toulouse.

P. Casimir d'Orgon, 1858, ✝ 1895.

1878. — **Jésus-Hostie, vérité, voie et vie;** in-12°, 355 pp. Carcassonne, J. Parer. — 2me édition en 1879 *(ibidem)*.

P. Denis de Paris, 1850, ✝ 1880.

1878. — **Pensées et affections** sur les Mystères et les Fêtes, par le P. Cajétan de Bergame. Traduction de l'italien; 2 vol. in-16° de 320 et 236 pp. Paris, Poussielgue.

1878. — **L'art de bien dire;** in-8° lithographié, 64 pp. Couvent de Fontenay-le-Comte.

P. Dominique de Caylus, 1890, ✝ ....

1908. — **Ximenez,** créateur du mouvement catholique espagnol; in-8°, 34 pp. Extrait des Etudes franciscaines.

1912. — Merveilleux épanouissement de l'**Ecole scotiste;** 72 pp. Extrait des Etudes franciscaines.

1926. — Ce que les Capucins doivent à **Matthieu de Basci** et à Louis de Fossombrone; 50 pp. Extrait des Etudes franciscaines.

1925. — **P. Jean de Fano** et l'origine des Capucins; 45 pp. *(ibidem)*.

1913. — **Les Sciences sacrées en Espagne;** in-4°, 10 pp. Dictionnaire de Théologie, de Vacant-Mangenot.

1924. — **Le P. François Titelman** (✝ 1538). Son entrée chez les Capucins; in-8°, 15 pp. Etudes franciscaines.

P. Ernest de Beaulieu, 1879, ✝ ....

1895. — **Le bienheureux Diégo de Cadix** (1743-1801). *Anonyme;* in-18°, 20 pp. Toulouse, impr. Saint-Cyprien. *(Opuscule composé pour les fêtes de la béatification et largement répandu parmi les assistants).*

1897. — **Petit trésor** des amis de saint Antoine et des pèlerins du Montcalm *(Ariège)*. Anonyme; in-24°, 166 pp. Montcalm et Paris.

1899. — **Le Tiers-Ordre de saint François;** in-24°, 32 pp. Abbeville, Paillart.

1899. — **Le bienheureux Ange d'Acri**; in-16°, 264 pp. Poitiers, Oudin.

1901. — **Les Capucins et l'armée espagnole** en Roussillon (1793-95); in-8°, 17 pp. Etudes franciscaines.

1902. — **Origine des Cagots**; in-8°, 20 pp. *(ibidem)*.

1903. — **Les sanctuaires de la Sainte Vierge** en Roussillon; 2 vol. in-16° de 310 et 364 pp. Perpignan, Charles Latrobe.

1904. — **Une ville catholique** de l'Espagne moderne *(Burgos)*; in-8°, 18 pp. Etudes franciscaines.

1906. — **Le voyage de saint François en Espagne**; in-8°, 57 pp. *(Extrait des Etudes franciscaines)*. Paris, Desclée.

1906. — Sous le manteau de Marie. **Histoire mariale de la Province de Toulouse** *(Anonyme)*; in-8°, 284 pp. Carcassonne, Bonnafous.

1906. — **L'Espagne, terre franciscaine**; in-12°, 75 pp. Voix Franciscaines.

1907. — **Antiquités franciscaines de Burgos**; in-12°, 54 pp. Voix Franciscaines.

1908. — Le Saint de Toulouse. **Vie du P. Marie-Antoine** de Lavaur, in-8° illustré, 680 pp. Toulouse, Sistac.

1928. — **Vie du P. Marie-Antoine**, 2me édition augmentée; in-8°, 502 pp. Toulouse, Voix Franciscaines.

1909. — **Vie abrégée** du P. Marie-Antoine; in-12, 330 pp. Toulouse, Ed. Privat.

1914. — **Vida del P. Maria-Antonio**, traducida del francés por el P. Miguel de Pamplona; in-12°, 390 pp. Barcelona, Gustavo Gili.

1912. — Une âme eucharistique. **Le P. Alfred de Carouges**; in-12°, 315 pp. Voix Franciscaines.

1916. — **Fr. Joseph-Marie de Palerme**, novice capucin; in-12°, 20 pp. Voix Franciscaines.

1918. — **Treize jours** avec saint Antoine de Padoue *(Anonyme)*; in-24°, 32 pp. Abbeville, Paillart. — Seconde édition en 1927.

1920. — **Treize jours**, etc. Edition canadienne augmentée et illustrée; in-24°, 64 pp. Ottawa, Echo de Saint-François. — Traduit en anglais en 1920; in-18°, 64 pp. Ottawa.

1919. — Deux émules de saint Félix de Cantalice. **Saint Séraphin de Montegranaro et le bienheureux Bernard d'Offida;** in-12°, 236 pp. Voix Franciscaines.

1921. — **Le Tiers-Ordre de saint François** (édition canadienne); in-24°, 55 pp. Ottawa. Echo de Saint-François. — En 1922, nouvelle édition à Toulouse; in-24°, 40 pp. Voix Franciscaines.

1921. — **Le Vén. P. Marc d'Aviano:** in-8°, 584 pp. *(ibidem). (Composé avec la collaboration du P. Louis-Antoine de Porrentruy).*

1921. — **Il Venerabile P. Marco d'Aviano:** traduzione dal francese; in-8°, 478 pp. Padova, Tipogr. francescana.

1926. — Une âme séraphique. **Mère Françoise du Saint-Esprit,** fondatrice des Franciscaines du Tiers-Ordre régulier *(Saint-Chinian);* in-12°, 338 pp. Montpellier, Em. Montane.

1928. — Un moine d'autrefois. **Le P. Joseph d'Aurensan;** in-8°, 172 pp. Voix Franciscaines.

1882 à 1888. — Huit articles concernant les Capucins français réfugiés à Orihuela (Espagne). Paris, Annales franciscaines.

1894 à 1899. — Principal rédacteur de l'Echo de Saint-François *(première Revue mensuelle de notre Province).*

P. ÉVANGÉLISTE DE SAINT-BÉAT. 1879. ✠ 1905.

1888. — **S. Bonaventura,** Scholæ franciscanæ Magister; in-8°, 72 pp. Paris, Casterman.

1888. — De necessaria temporaneitate creaturæ, ad mentem S. Bonaventuræ; in-8°, 70 pp. *(ibidem).*

1895. — **Saint François et la science;** in-8°, 128 pp. *(ibidem).*

1899. — **L'Ecole franciscaine et ses chefs** (S. Bonaventure et le Vén. Scott); in-8°, 28 pp. Etudes franciscaines.

1899. — **Etudes sur saint Bonaventure;** in-8°, 18 pp. *(ibidem).*

1901. — **Le Séraphin de l'Ecole.** Etudes sur saint Bonaventure; in-8°, 114 pp. *(ibidem).*

1903. — Tractatus schematicus de vera ratione colendi Deum; in-24", 50 pp. Paris, Œuvre de Saint-François d'Assise.

1903. — **Quelques lacunes** dans les Etudes ecclésiastiques; in-8", 24 pp. *(ibidem)*.

1903. — **Ce qu'est saint Bonaventure**; in-8", 23 pp. *(ibidem)*.

1903. — **Les derniers jours** chez les Capucins de Périgueux *(Anonyme)*; in-12", 28 pp. Périgueux, Cassard.

1904. — Manière dont le feu infernal tourmente les démons et les âmes encore séparées; in-8", 18 pp. Etudes franciscaines.

P. EXUPÈRE DE PRATS-DE-MOLLO. 1858. ✝ 1917.

1866. — **La Pauvreté**, sa mission dans l'Eglise et dans le monde; in-8", 180 pp. Paris, Lethielleux. — 2me édition en 1867; 3me édition en 1899. Paris, Casterman.

1889. — **La Pobreza**, estudio de economia social, traduccion castellana de don Amanzio Messeguer *(medico de Orihuela)*; in-16, 191 pp. Alicante, Antonio Seva.

1869. — **Manuel de prières** en l'honneur des SS. Abdon et Sennen; in-12". 52 pp. Perpignan, Latrobe.

1869. — **Petites méditations** sur les mystères de la Sainte Enfance de Notre-Seigneur; in-24", 207 pp. Paris, Poussielgue. — 2me édition en 1872. Toulouse, Morisson; 3me en 1886. Toulouse, Saint-Cyprien; 4me édition en 1887. Paris, Casterman; 5me en 1899. Poitiers, Oudin.

1870. — **Breve meditazioni** sui misteri della Santa Infanzia di N.-S. Gesù-Christo. Versione italiana; in-16", 176 pp. Milano, Maiocchi.

1870. — Lettre à un catholique, **L'infaillibilité pontificale**. Question d'opportunité; in-18", 37 pp. Perpignan, Latrobe.

1871. — Deux histoires : **Catherine et Alexandre**, par C. G... *(Cosme Guyu — patronymiques)*; in-12", 126 pp. Toulouse, Hébrail.

1871. — **Aden et le golfe d'Aden**; in-12", 180 pp. Tours, Mame.

1872. — **Actions de grâces à la T. S. Trinité**; in-24",

107 pp. Paris, Poussielgue. — 2me édition en 1887. Paris, Casterman.

1873. — **Réponse** aux objections d'un ouvrier *(de Limoux)*; 2me édition augmentée: in-12°, 32 pp. Espira-de-l'Agly, P. Jammet.

1874. — **Chemin de la Croix** du Sacré-Cœur de Jésus; in-18°, 108 pp. *(ibidem)*. — 2me édition, en 1877 *(ibidem)*; 3me édition en 1883. Paris, Poussielgue.

1877. — **Sainte Marie-Madeleine**. Méditations; in-12°, 254 pp. Carcassonne. Pomiès.

1881. — Pèlerinage aux **Sanctuaires franciscains de l'Ombrie et de la Toscane**; in-12°, 360 pp. Paris, Poussielgue. — 2me édition augmentée en 1889; in-8°, 278 pp. Paris, Casterman.

1884. — **Rapport** présenté aux membres du Chapitre général de 1884; in-12°, 75 pp. Orihuela *(Espagne)*.

1887. — **La Voie douloureuse**. Méditations pour le Chemin de la Croix; in-24°, 218 pp. Paris, Casterman.

1888. — **Sainte Madeleine dans l'Évangile**; 3 vol. in-12° de 366, 376 et 314 pp. *(ibidem)*. *(Ouvrage honoré d'un bref du Pape Léon XIII)*.

1892. — **Agonie de N.-S. Jésus-Christ à Gethsémany**; in-16°, 284 pp. *(ibidem)*. — Autre édition en 1899.

1892. — **Sermon** en faveur des Écoles libres de Biarritz; in-12°, 16 pp. Bayonne, Lasserre.

1892. — **Le Sacré-Cœur** dans le Discours après la Cène; in-12° 377 pp. Paris, Casterman.

1892. — Panégyrique de **saint Jean de la Croix** *(à Saint-Pierre d'Irube)*; in-12°, 16 pp. Bayonne, Lasserre.

1893. — **Mélanges ascétiques, panégyriques et conférences**; in-12°, 150 pp. Paris, Casterman.

1894. — **Saint Antoine de Padoue** et le pain des pauvres *(à Biarritz)*; in-18°, 16 pp. Bayonne, Lasserre.

1894. — **La solution franciscaine** de la question sociale (articles parus dans l'Écho de Saint-François).

1894. — **Fête de la Portioncule**; in-18°, 32 pp. Bayonne, Lasserre.

1894. — Les deux séraphins : **Saint François et sainte Thérèse;** in-8", 70 pp. Bayonne, Lasserre.

1895. — Entretiens spirituels sur les **Vertus chrétiennes;** 2 vol. in-12" de 380 et 312 pp. Paris, Casterman. *(Ces Entretiens avaient déjà paru en articles, dans les Annales franciscaines, et plus tard, dans l'Écho de Saint-François).*

1895. — **Le bienheureux Diego de Cadix** — panégyrique; in-24", 20 pp. *(ibidem).*

1896. — **Saint Joseph** d'après l'Évangile; in-24", 200 pp. Paris, Casterman. — 2me édition en 1899.

1896. — **Œuvres oratoires;** 2 vol. in-12", 360 et 412 pp. *(ibidem).*

1897. — **Conseils aux jeunes missionnaires** de la Province de Toulouse; prédication et confession; in-8", 8 pp. Bayonne, Lasserre.

1897. **Trois lettres à un protestant** *(de Collioure);* in-12", 25 pp. Perpignan, impr. Saint-Jean.

1899. — **Pourquoi les Études franciscaines.** Introduction à cette nouvelle Revue; in-8", 20 pp.

1899. — **Petites polémiques;** in-12", 212 pp. Paris, Casterman.

1900. — **Idées franciscaines,** comprenant : 1" Éloquence de la chaire; 2" Solution franciscaine de la question sociale; 3" Littérature franciscaine au XIX" siècle; in-12", 245 pp. *(ibidem).*

1901. — **Œuvres oratoires,** 2me série : Marie *(Mois de Marie prêché à la basilique de Lourdes);* 2 vol. in-12", 442 et 506 pp. *(ibidem).*

1901. — **Le sacerdoce de Marie;** in-8", 24 pp. Études franciscaines.

1901. — Réfutation de l'ouvrage russe QUO VADIS; 12 pp. *(ibidem).*

1901. — **La loi contre les Congrégations;** 18 pp. *(ibidem).*

1902. — **L'esprit de saint François;** 40 pp. Écho de Saint-François.

1902. — **Le mois de la Sainte Face.** Méditations pour le mois

d'avril; in-18°, 92 pp. Paris, Casterman. — 2me édition en
1911; 3me en 1922. Voix Franciscaines.

1903. — **Œuvre des Vieillards délaissés.** Discours à N.-D.
de La Daurade; in-12°, 27 pp. Toulouse. Ant. Gay.

1904. — **Don Jacinto Verdaguer,** poète catalan: in-8°,
42 pp. Paris, Casterman.

1904. — **Litanies de la Sainte Vierge méditées;** in-12°.
322 pp. *(ibidem)*.

1904. — Une grande âme contemporaine. — 2e édition de
l'HISTOIRE DE CATHERINE *(de Collioure)* v. 1871; in-8°
(ibidem).

1904. — **Œuvres oratoires.** — 3me série. T. V: in-12°,
350 pp. *(Préface sur la prédication des Capucins au XIXe siècle)*. Paris, Casterman.

1904. — **La Passion de N.-S. Jésus-Christ;** in-12°, 253 pp.
(ibidem).

1906. — **Mgr Peyramale,** curé de Lourdes (1811-1877); in-
8°, 35 pp. *(ibidem)*.

1906. — **Mgr Vital Gonzalès,** évêque capucin d'Olinda *(Brésil)* (1844-1878): in-8°, 35 pp. *(ibidem)*.

1907. — **La Rémission des péchés;** in-32, 8 pp. Paris, Desclée.

1909. — **Les Sacrements;** in-12°, 400 pp. *(ibidem)*.

1909. — **Sermon sur la montagne;** in-12°, 392 pp. *(ibidem)*.

1909. — Ce que demande la **lecture des Saints Livres;** in-8°.
15 pp. Etudes franciscaines.

1909. — La déchéance originelle. la Divinité de Jésus-Christ,
la lecture des Saints Livres — opuscules; in-12° de 20 pp.
Extraits des Œuvres de l'Auteur, par la Société belge de Librairie, Bruxelles.

1910. — **La Divinité de N.-S. Jésus-Christ** dans l'Evangile
de saint Matthieu; in-12°, 250 pp. Montréjeau, Soubiron.
— 2me édition augmentée, in-12°, 364 pp. Paris, Casterman.

1910. — **Les prophéties de la Résurrection.** Les derniers
jours de l'Apostolat. La Passion et la Résurrection; 36 pp.
Etudes franciscaines.

1911. — **Le surnaturel dans la Bible;** in-16°, 62 pp. *(ibidem)*. *(Extrait de la Critique du libéralisme)*.

1912. — **L'esprit de sainte Claire;** in-12", 212 pp. Voix Franciscaines.

1912. — **La prison de N.-S. Jésus-Christ;** in-12, 64 pp. *(ibidem)*.

1912. — **Sociologie expérimentale.** *(Extrait de la Critique du libéralisme)*; in-12", 36 pp. Paris, Desclée et C°.

1912. — **Ames franciscaines.** (Cinq biographies déjà publiées séparément): in-12", 400 pp. Voix Franciscaines.

1912. — **Abraham;** in-12°, 80 pp. Albi, impr. des Orphelins.

1913. — **La politique religieuse de Charles Maurras;** in-8", 74 pp. Etudes franciscaines. — Peu après, 2ᵐᵉ édition corrigée, 80 pp. *(en brochure)*.

1914. — **Rosaire de la Passion** *(Anonyme)*; in-32°, 16 pp. Voix Franciscaines.

1914. — **La fête de saint Joseph au ciel;** in-12°, 64 pp. *(ibidem)*.

1914. — **Petit catéchisme de la Sainte Famille;** in-32°, 32 pp. *(ibidem)*.

1915. — **Le Sacré-Cœur** étudié dans l'Evangile; in-12°, 272 pp. *(ibidem)*.

1915. — **Saint Pierre,** d'après les Saintes Ecritures; in-12, 284 pp. *(ibidem)*.

1915. — Petit catéchisme de la **Dévotion au Sacré-Cœur;** in-32, 64 pp. *(ibidem)*.

1916. — **L'esprit de saint François;** M. S. C., in-4", 284 pp. Archives provinciales.

1916. — Méditations pour les exercices d'une **Retraite à l'usage des Enfants de saint François;** M. S. C., in-4°, 412 pp. *(ibidem)*.

D'autres manuscrits moins importants attendent aussi leur utilisation.

1904 à 1906. — Trente-deux conférences mensuelles sur divers sujets, formant 3 vol. in-8" de 310, 303 et 220 pp. Paris, Casterman.

1902. — Éditeur des Œuvres posthumes du P. Pacifique de Saint-Gal.

19..... — **Mater admirabilis**. Instruction aux Ouvrières de Biarritz; in-18°, 20 pp. Bayonne, Lasserre *(absque anno)*.

19..... — **Pie X**. Sa Mission providentielle; in-8°, 16 pp. *(ibidem)*.

P. FÉLIX DE FIANCEY, 1852, ✝ 1902.

1870. — **La méditation proposée aux gens du monde**, par un franciscain; in-24°, 332 pp. Carcassonne, Pomiès. — Rééditée en 1872 et 1875 *(ibidem)*.

1879. — **Frère Pascal et l'ouvrier malheureux**, par un franciscain; in-16, 330 pp. Carcassonne, Pomiès.

1880. — **Dame Opulence et dame Pauvreté**, ou solution du grand problème social, par l'auteur de Fr. Pascal; in-12°, 148 pp. Carcassonne, Pendariès.

1881. — **Les grands pèlerins** d'autrefois et d'aujourd'hui; in-16°, 110 pp. Toulouse, Sistac et Boubée.

1881. — **Maladies et merveilleuses guérisons de l'âme**; 2me édition in-18°. Carcassonne.

1901. — **Le bon et le mauvais côté de la langue**; in-12°, 66 pp. Carcassonne, Bonnafous-Thomas.

P. FRANÇOIS-XAVIER DE BOUILH-PÉREUILH, 1877, ✝ 1909.

1895. — **Histoire** du couvent des **Cordeliers de Cahors** et du **Vén. Christophe** (de Césène), son fondateur *(Anonyme)*; in-12°, 68 pp. Cahors, Imprimerie Catholique.

1901. — **Le bienheureux Christophe** (de Césène). Son apostolat dans le Quercy et son culte *(Anonyme)*; in-12°, 52 pp. Cahors, Plantade.

1903. — **Documentation** du procès de béatification du Vénérable Christophe, publiée en 1905, par la S. Congr. des Rites; in-4°, 238 pp. Roma, Tipogr. Guerra e Murri. *(Le P. François-Xavier était vice-postulateur de cette cause, et procura la majeure partie des documents)*.

1906. — **Fêtes** du nouveau bienheureux **Christophe de Cé-**

sène, à la Cathédrale de Cahors (23-26 novembre) *(Anonyme)*; in-8", 96 pp. Cahors, Plantade.

P. FULGENCE DE CARCASSONNE, 1850, ✝ 1892.

1878. — **Le symbolisme historique des Lis.** Quatre articles publiés dans l'Echo de la Province. Toulouse.

1882. — Eclaircissement sur **les deux Saturnins de Toulouse**; in-12", 37 pp. Perpignan, impr. de l'Espérance.

1886. — **L'Ecole du Genoudisme** par les soi-disant légitimistes *(Anonyme)*; in-8", 26 pp. Saumur, P. Godet.

18..... — Esquisse critique des **Origines de l'Eglise de Toulouse**. *(Manuscrit très important qui n'a jamais été publié)*.

1895. — Cet auteur collabora abondamment à l'Histoire des origines apostoliques de Notre-Dame de Roc-Amadour, publié par M. Bourrières (alors président du Tiers-Ordre de Cahors).

P. GEORGES DE VILLEFRANCHE, 1864, ✝ 1918

1893. — **Exposition de la Règle des Frères-Mineurs**; in-8", 585 pp. Toulouse, impr. Saint-Cyprien.

1900. — **Compendium philosophiæ**, juxta mentem D. Thomæ, D. Bonaventuræ et D. Scoti; 3 vol. in-12" de 618, 564 et 651 pp. Toulouse *(ibidem)*.

1901. — **Les Eglises de France** sont-elles d'origine apostolique; in-8", 68 pp. Etudes franciscaines.

P. GONZALVE DE SALVIAC, 1882, ✝ .....

1913. — **Rapport** présenté au Chapitre provincial du 6 juin. Etat de la Province. Nécessité d'abandonner plusieurs résidences; in-12", 27 pp. Toulouse.

1915-1918. — **Etat militaire.** Nouvelles des religieux mobilisés, extraites de leur correspondance avec le P. Provincial et envoyées à chacun d'eux, ainsi qu'à nos Communautés. 7 fascicules in-8", total 238 pp. Voix Franciscaines.

1919. — **Circulaire** du 6 juillet annonçant à la Province la décision définitoriale du 25 mai : **Consécration à saint**

Joseph, pour obtenir son Patronage sur le recrutement des vocations; in-4°, 20 pp. Toulouse.

1899. — Principal rédacteur de l'Echo de Saint-François jusqu'en 1903; et, à partir de cette date, des Voix Franciscaines *(nouveau titre de la revue)* jusqu'en 1910.

P. Hilaire de Niort, 1876, ✠ .....

1889. — **Monographie** de l'ancien couvent de Fontenay-le-Comte; M. S. C., in-4°, 35 pp. (augmenté de Notes sur le couvent des Cordeliers et la maison des Tiercelettes).

1897. — **Rapport officiel** adressé au P. Provincial sur l'Etat de l'Ecole séraphique : installation à Millau, ressources, recrutement, personnel, résultats, règlement; M. S. C., in-4°, 60 pp. Arch. prov.

1898. — **Histoire de l'Ecole séraphique** de notre Province, de 1875 à 1893: M. S. C., in-folio, 252 pp. Arch. de l'Ecole.

1898. — **Livre d'Or des bienfaiteurs** de la même Ecole; M. S. C., in-4°, 370 pp. *(ibidem)*.

1899. — **Compte-rendu** de l'Assemblée régionale du Tiers-Ordre, tenue à Millau *(20-21 février)*, suivi de l'Etat des Fraternités de ce district *(Anonyme)*; in-12, 236 pp. Paris, Œuvre de Saint-François.

1900. — Notice sur l'ancien couvent des **Capucins de Millau;** in-4°, 15 pp. Millau, Artières.

1898. — Fondateur et principal rédacteur de l'Echo de l'Ecole séraphique, qui prit, après les expulsions de 1903, le titre de Voix de l'Exil.

P. Irénée d'Aulon, 1879, ✠ ....

1898. — **Etat des Fraternités** du Tiers-Ordre de notre Province; in-8°, 140 pp. Toulouse, Saint-Cyprien.

1900. — **Le Tiers-Ordre en Algérie.** Fondation, par deux Tertiaires, de la chapelle de Notre-Dame d'Afrique, à Alger; in-8°, 38 pp. Echo de Saint-François.

1901. — **La Madone franciscaine de Rhodes.** Souvenir d'un pèlerinage en Terre Sainte. Publié dans l'Echo de Saint-François.

1903. — **Aulon**. Monographie locale; in-8°, 240 pp. Toulouse, Ed. Privat. *(Notes sur l'ancien pays de Comminges)*.

1904. — **Nécrologe des Fr. Min. Capucins** de l'ancienne Province d'Aquitaine (1582-1792); in-8°, 118 pp. Carcassonne, Bonnafous.

1905. — **Histoire des Fr. Min. Capucins de la Province de France (1820-1870)** : 2 vol. in-8°, 356 et 328 pp. Rome, Couvent généralice de Saint-Laurent de Brindes.

1906. — **Histoire** des Fr. Min. Cap. de l'ancienne Province d'Aquitaine, sous la période révolutionnaire (1766-1792); in-8°, 413 pp. Rome, Couvent généralice.

1907. — **Notes et documents** pour servir à l'histoire des Fr. Min. Capucins de la nouvelle Province de Toulouse. Première partie (1870-1885); M. S. C., lithographié à sept exemplaires, à Rome.

1915. — **Nécrologe des Fr. Min. Capucins de la Province de Toulouse;** in-4° comprenant 140 pp. d'Introduction (avec 11 pp. *d'Addenda* en 1928), et deux pages pour chaque jour de l'année, plus 18 pp. d'Appendices, Toulouse, Voix Franciscaines.

1928. — **Bibliographie de la Province** de Toulouse, comprenant : les auteurs antérieurs à la grande Révolution (Aquitaine et Languedoc), et ceux de la nouvelle Province; in-8°, 95 pp. Toulouse *(ibidem)*.

P. Jean de Beaulieu. 1888, ✝ 1922.

1902. — **Sœur Elisabeth** (Tertiaire de La Rochelle); in-12°, 86 pp. Paris, Œuvre de Saint-François d'Assise.

1910. — **Les Bénédictines du Calvaire;** in-12°, 15 pp. Voix Franciscaines.

1913. — **Les dix jours. Retraite,** d'après le P. Joseph du Tremblay *(Anonyme);* in-16°, 470 pp. *(ibidem)*.

1913. — **Les étrennes du Petit Jésus,** d'après le P. Joseph du Tremblay; in-12°, 15 pp. *(ibidem)*.

1918. — **Je crois** à la résurrection de la chair (allocution au cimetière de Bordeaux; in-18°, 16 pp. Bordeaux. Delmas.

1918. — **Frères de sang. Sœurs d'amour** (allocution à Saint-Seurin, en faveur des Veuves des militaires; in-16°, 12 pp. Toulouse, A. Montlauzeur.

1925. — **Les leçons du Calvaire.** Trois chemins de Croix (posthume); in-18°, 112 pp. Voix Franciscaines.

1923. — Quelques autres discours ont été insérés dans la VIE DU P. JEAN, par Hilaire Darrigrand.

P. JEAN-CHRYSOSTOME DE SAINT-ÉTIENNE-FURSAC, 1878, ✠ .....

1898. — **Voix célestes. Poésies;** in-12°, 390 pp. Poitiers, Oudin. Cet ouvrage comprend six parties qui ont été augmentées et publiées séparément, en 1910, par les Voix Franciscaines :

1° Poésies religieuses; in-12°, 142 pp. — 2° Chants séraphiques, 123 pp. — 3° Chants patriotiques et de première communion, 78 pp. — 4° Chants de berceaux, 110 pp. — 5° Chants d'amitié et de reconnaissance, 108 pp.— 6° Chants de vertu et de sainteté, 137 pp.

1902. — L'Antoniade. **Vie de saint Antoine de Padoue en vers;** in-12°, 350 pp. Poitiers, Oudin, et Toulouse, Sistac.

1901. — **Coups de trompette.** Pour Dieu, la Patrie et la Liberté, par Jean Sans Peur *(pseudonyme)*; in-18°, 116 pp. Paris, Tolra et Simonet.

1914. — **La Très Sainte Vierge Marie :** 1° dans le décret divin; 2° dans l'épreuve des Anges; 3° dans l'Ancien Testament; in-12, 388 pp. Toulouse, Voix Franciscaines.

1916. **Les trois grands privilèges** de la Vierge Marie : Puissance, Sagesse, Miséricorde; in-12°, 500 pp. *(ibidem)*.

1927. — **Vie admirable de la Sainte Vierge,** d'après la Cité mystique de Marie d'Agréda; M. S. C. pour 2 volumes.

P. JOSEPH D'AURENSAN, 1871, ✠ 1922.

1888. — **Ligue catholique** avec le Tiers-Ordre de saint François, in-18°, 236 pp. Millau, Artières. — 2me édition refondue, en 1894. Poitiers, Oudin.

1910. — **Sauvons l'âme de nos enfants** (contre l'enseigne-

ment officiel); in-8", 45 pp. Mont-de-Marsan, Saintignan
(*Extrait des Etudes franciscaines*).

P. Joseph-Marie de Lassouts, 1877, ✠ 1924.

1904. — **Récit de l'expulsion** des Capucins de Millau (sui-
vie de la prison); M. S. C., in-folio de 100 pp.

1921. — **Mois de saint Joseph**; in-24", 140 pp. Montpellier,
impr. de la Charité. — 2ᵐᵉ édition augmentée, en 1924;
in-24", 170 pp. Voix Franciscaines.

P. Jules d'Albi. 1900, ✠ .....

1908. — Série d'articles théologiques dans la Bonne Parole.
Revue scotiste.

1909. — **L'Infini**; in-8", 12 pp. Etudes franciscaines.

1911. — **La Vocation sacerdotale** (Réponse à l'ouvrage du
chanoine Lahitton (*Dax*); in-8", 35 pp. (*ibidem*). Extrait.

1911. — **Synthèse philosophique**; in-8", 50 pp. Extrait des
Etudes franciscaines.

1923. — **Le Catholicisme** et les religions conçues par la
science moderne: in-8", 112 pp. Paris, Giraudon, et Duculot,
Belgique.

1923. — **Saint Bonaventure** et les luttes doctrinales de 1267-
1277; in-8", 260 pp. (*ibidem*).

1926. — **Introduction à la Vie de la Bienheureuse
Bernadette de Lourdes**, d'après le P. Marie-Antoine, in-
12", 30 pp. Voix Franciscaines.

1927. — **L'Aristotélisme de Kant.** En voie de publication
aux Etudes franciscaines.

1928. — **Jésus le Christ.** Réponse au juif Barbusse; in-12",
245 pp. Paris, Giraudon.

P. Ladislas de Paris, 1857, ✠ 1908.

1887. — **Modèles d'hosties** pour les graveurs; in-16, 32 pp.
Paris, Œuvre de Saint-François d'Assise.

1889. — **Collection de modèles** de moules à hosties (*pour
les graveurs*); in-16, 32 pp. Millau, Artières.

1889. — **Les testaments eucharistiques**, ou la sécurité des substances sacramentelles; in-8°, 15 pp., dans les **Actes** du Congrès eucharistique de Paris (1888).

1894. — **Avis et gloses** pour Missions et Retraites *(Anonyme)*; in-8°, 220 pp. lithographiées.

1896. — **La pensée de la mort** en images (ou l'humanité frappée par la mort dans tous les âges et conditions de la vie); in-4°, 112 pp. Paris, Bonne Presse.
  2ᵐᵉ édition en 1898; in-12°, 110 pp. *(ibidem)*.

1898. — **Méditations** à l'usage des Missionnaires Capucins; in-24°, 230 pp. Paris, Œuvre de Saint-François d'Assise.

1899. — **Le divorce et ses conséquences**; in-18°, 32 pp. Abbeville, Paillart.

1900. — **La loi du divorce**; in-12°, 112 pp. Paris, Œuvre de Saint-François.

1900. — **Méditations sur la Règle des Frères Mineurs**; in-4°, 1.182 pp. Paris *(ibidem)*. (Le même ouvrage avait paru auparavant en 4 vol. in-4° lithographiés).

1900. — **Méditations sur les Saints** des trois Ordres de saint François; in-4°, 384 pp. Paris *(ibidem)*.

1903. — **Le catéchisme des familles**. Première partie : Dogme; in-18 illustré, 552 pp. et 146 gravures (par l'abbé Vanblotaque — patronymique). Mont-de-Marsan, Saintignan.

1904. — **Le catéchisme**, etc. Deuxième partie : Morale. Troisième partie : Culte; in-18 illustré, 648 pp. et 187 gravures *(ibidem)*.

1908. — **Le catéchisme**, etc. 2ᵐᵉ édition corrigée des précédents; in-18°, 935 pp. Paris, librairie des Catéchismes.

..... — L'abbé Villeneuve, curé de Galiax *(Gers)*, a fait paraître plusieurs parties de l'Œuvre catéchistique du P. Ladislas.

P. Léonard de Saint-Pé. 1878, ✠ .....

1894. — **Résultat des conférences** conventuelles sur les Missions paroissiales. Réponses à un questionnaire; in-8°, 16 pp. Toulouse, Saint-Cyprien.

1894. — **Rapport** présenté au Chapitre triennal du 18 mai, sur l'Echo de Saint-François (revue récemment fondée par lui-même; in-8°, 12 pp. *(ibidem)*.

1904. — **Manuel du Jubilé** (Cinquantenaire du dogme de l'Im.-Concept.); in-24°, 44 pp. Québec, Fleurs de la Charité.

P. Marie-Antoine de Lavaur, 1855, ✝ 1907.

Avertissement. — Soixante-quinze livres, opuscules et brochures ont le P. Marie-Antoine pour auteur et portent son nom. Mais, quant au fond, toutes ces publications se ressemblent. Vulgarisateur d'un rare talent, le célèbre missionnaire multipliait ses ouvrages en les divisant et subdivisant avec un titre nouveau; parfois, en ajoutant simplement quelques pages à ce qui n'était que la seconde ou troisième édition d'un écrit antérieur. Dans son zèle pour les âmes, le P. Marie-Antoine n'hésitait pas à étendre, par cette pieuse habileté, la portée de son apostolat.

1865. — **Le protestantisme confondu** par le seul argument d'autorité. Controverse avec un pasteur protestant du Mas-d'Azil; in-16, 316 pp. Toulouse, Garrigues. (Cet ouvrage, honoré d'un bref laudatif de Pie IX, fut réédité en 1879, au sujet d'une nouvelle controverse survenue à Gabre *(Ariège)* et à Vabre *(Tarn)*; in-16°, 318 pp. Marseille, impr. Saint-Joseph.

1865. — **Le protestantisme confondu,** etc., édition populaire; in-16°, 133 pp. Toulouse, Garrigues.

1868. — **Polémique avec Duportal,** rédacteur du journal l'Emancipation, au sujet d'une calomnie ridicule publiée sur la mission de Saussens *(Haute-Garonne)*. Apologie du clergé et des Ordres religieux; in-8°, 72 pp. Toulouse. *(Pour des motifs inconnus, peut-être de pacification, ce livre ne paraît pas avoir été livré à la publicité)*.

1870. — Grandes question du jour. **Concile et infaillibilité;** in-12, 430 pp. Toulouse, Ed. Privat.

1870. — **Triomphe de l'Eglise** par le Concile et l'infaillibilité (2ᵐᵉ édition de l'ouvrage précédent) *(ibidem)*.

1871. — **La France et Pie IX.** Cris de douleur et d'espérance; in-12°, 68 pp. *(ibidem)*.

1871. — **Le grand Pape et le grand Roi**. Traditions historiques; in-16, 177 pp. Toulouse *(ibidem)*. — *Dès son apparition. ce livre eut un grand retentissement et obtint un succès
fantastique. Des milliers d'exemplaires furent écoulés dans
l'espace de quelques semaines. Dans une 3ⁱᵉ édition. publiée
par la librairie Hébrail. de Toulouse. l'auteur donne une
explication anticipée du* LUMEN IN CŒLO. *concernant le futur
Pape Léon XIII.*

1873. — **Le prochain dénouement** de la crise actuelle; in-
12", 95 pp. Toulouse, impr. des Orphelins. — Ce livre eut
une 2ⁱᵉ édition augmentée; in-12", 112 pp. Toulouse, Privat.

1873. — **Manuel du bon Français**. Gouvernement nécessaire
à la France; in-16, 138 pp. *(ibidem)*. — Plusieurs éditions.

1873. — **Le lis immaculé**, ou Manuel du pèlerin de Lourdes (histoires, dogme, symbolisme. liturgie); in-18", 356 pp.
(ibidem).— 2ⁱᵉ édition augmentée, en 1874; in-18", 180 pp.
(ibidem). — 3ⁱᵉ édition à une date ultérieure.

> *En 1888. ce livre fut traduit en espagnol. d'après la
> 3ⁱᵉ édition. — El lirio inmaculado, o Manual del peregrino
> de Lourdes. por doña Rosario de Solance; in-8", 398 pp.
> Barcelona, libreria de la Inmaculada-Concepcion.*

1874. — **Le pèlerinage de Notre-Dame de Lourdes** sancti-
fié; apparitions, miracles, prières; in-18", 90 pp. Rodez,
Veuve Carrière.

1878. — **La Papauté et Léon XIII** Discours à la Cathédrale
de Rodez; offert spécialement aux bienfaiteurs de l'établissement des Capucins à Millau; in-8", 24 pp. Rodez *(ibid.)*.

1878. — **Une fleur à Marie**, ou fêtes du couronnement de
Notre-Dame de Livron; in-18", 108 pp. Toulouse, Privat.

1879. — **L'ange et le pèlerin de Lourdes**. Nos plaies socia-
les. **Mission de Bernadette**; in-16", 160 pp. Carcassonne,
J. Parer.

1879. — **Le protestantisme confondu**, ou controverse ami-
cale entre un missionnaire catholique, et les pasteurs et protestants de Vabre; in-12, 142 pp. Marseille, impr. Saint-Joseph.

187... — **Cantique et légende de saint François** (103 stro-
phes; in-32", 14 pp. Perpignan, Aymerich. *(Légende repro-*

duite dans « La France a Jérusalem », *1891. Périgueux, Cassard*).

1880. — **Notre-Dame de Garaison et Notre-Dame de Lourdes** (discours aux pèlerins de Garaison); in-18", 50 pp. Lourdes, B. Pujo.

1880. — **Le pieux pèlerin**. Lectures et élévations dédiées aux Croisés de la prière; in-16", 238 pp. Toulouse, Privat. — 2" édition en 1882 (*ibidem*).

1880. — **Le livre d'or des proscrits**; in-16", 192 pp. Toulouse, Privat. (*Cet ouvrage, composé au lendemain de nos expulsions, eut un grand retentissement en France, et même à l'étranger. Il fut réédité plusieurs fois*).

1881. — Précieux souvenir. **La sainte Messe expliquée**; in-12", 24 pp. Nîmes, Lafare. (Éditions nombreuses).

1882. — **La sainteté facile à tous,** ou Semaine sanctifiée par la prière et la messe; in-24", 48 pp. Toulouse, Hébrail et Delpech.
   Autre édition en 1895. Poitiers, Oudin.

1882. — **Souvenirs du pèlerinage national à Jérusalem.** Retraite aux pèlerins; in-16, 44 pp. Paris, Haton.

1882. — **Traité pratique d'éducation** et instruction religieuse; in-24", 63 pp. Toulouse, Hébrail.

1883. — **Grand manuel doctrinal** de la parfaite congréganiste, à l'usage des **Enfants de Marie**; in-18", 460 pp. Toulouse, Sistac.

1883. — **Petit manuel** de la parfaite congréganiste; in-24", 114 pp. (*ibidem*).

1883. — **Le pieux pèlerin de Notre-Dame de Bétharram.** Chemin de Croix prêché aux pèlerins; in-24", 36 pp. Toulouse, Saint-Cyprien.

1883. — **Notre-Dame de Lourdes** et le pèlerinage de la vallée de Campan; in-16", 36 pp. (*ibidem*). *Rapprochement avec Notre-Dame de Médoux, antique chapelle des Capucins.*

1885. — **Discours** aux obsèques de M. Roques, archiprêtre de Lavaur; inséré dans la Vie de la Mère Thérèse, abbesse des Clarisses.

1885. — **Petit traité sur la Portioncule**; in-18", 31 pp. Tulle, Mazeyrie. Réédité en 1890.

1885. — **Petit trésor du pèlerin de Lourdes;** in-18°, 234 pp. Toulouse, Privat. Cet opuscule fut réédité plusieurs fois.

1886. — **Manuel du pèlerin à Notre-Dame de Livron;** in-18°, 224 pp. Tulle, Mazeyrie. — En 1899, un auteur anonyme réédita ce *Manuel*, sans nommer le P. Marie-Antoine; in-18°, 187 pp. Montauban, Prunet.

1886. — **Cantique et Chemin de Croix du Sacré-Cœur;** in-32°, 20 pp. Toulouse, Saint-Cyprien.

1887. — Trois sermons : **Royauté de Jésus-Christ, saint Antoine de Padoue et saint Joseph;** in-8°, 64 pp. Avignon, Aubanel.

1887. — **Notice sur le Tiers-Ordre séraphique;** in-18°, 12 pp. Lourdes, impr. de la Grotte.

1887. — Sermon sur le culte de la **Vierge Immaculée et le Tiers-Ordre** (*prêché à Notre-Dame de La Daurade*); in-8°, 28 pp. (*ibidem*).

1888. — Amour et douleur. **Sainte Madeleine et Notre-Dame des Douleurs** dans les grandes grottes de Lourdes (*aux Espelugues*); in-18°, 375 pp. Lourdes (*ibidem*). — Cet ouvrage eut plusieurs éditions; celle de 1890, in-32°, 410 pp. Limoges, Barbou.

1889. — **Manuel séraphique.** Appel à tous les catholiques. **Léon XIII et le Tiers-Ordre;** in-24°, 216 pp. Paris, Casterman.

Les quatre premières éditions de ce livre, qui devait en avoir tant d'autres, reproduisent le texte original de l'auteur. A la cinquième (1909), le P. Provincial apporta certains changements reconnus indispensables, mais sans trop modifier la pensée du P. Marie-Antoine. D'autres éditions suivirent, assez rapprochées. Toutefois, l'explication de la Règle du Tiers-Ordre manquait; elle y fut insérée en 1914.

Toujours réédité depuis, nous constatons que, de tous les livres du P. Marie-Antoine, le MANUEL SÉRAPHIQUE est celui qui connaît le plus grand succès.

1889. — **Le protestantisme confondu** par le seul argument d'autorité. Conférence et controverse entre un missionnaire catholique et un pasteur protestant; 5me édition; in-16°, 232 pp. Nice, Patronage Saint-Pierre.

1890. — **Notre-Dame des Douleurs dans la grande grotte de Lourdes**; in-24°, 413 pp. (*ibidem*).

1890. — **Sainte Madeleine à la Sainte-Baume et dans la de Lourdes**; in-24°, 413 pp. (*ibidem*).

1890. — Discours de béatification du **Vén. Jean-Baptiste de La Salle** aux Fêtes de Nice. Nice, Impr. Patronage Saint-Pierre.

1890. — **Petites pages d'or**, ou les quarante petits Trésors de la vie chrétienne; in-32°, 232 pp. Poitiers, Oudin. — 2me édition augmentée, en 1895 (*ibidem*).

1891. — **Trésor des curés**. Direction des Congrégations. Instruction de la Jeunesse; in-18°, 460 pp. Toulouse, Privat.

1892. — **Saint Antoine de Padoue** tenant dans ses bras l'Enfant-Jésus; in-12, 16 pp. Padoue, impr. Antonine.

1892. — Question du jour. **Le salut par le droit chrétien et l'obéissance au Pape**; in-16°, 316 pp. Montreuil-sur-Mer.

1893. — **Le protestantisme** en face de l'histoire, de la Bible et de la logique; in-24°, 80 pp. Notre-Dame de Lérins.

1893. — **Les grandes gloires de saint Antoine de Padoue**; in-24°, 96 pp. Poitiers, Oudin. — L'apparition de cet opuscule suivit de près l'œuvre si connue du PAIN DES PAUVRES. Amplifié par l'auteur dans des éditions nombreuses, ce livre fut écoulé en plusieurs centaines de mille exemplaires.

1894. — L'œuvre des **Missions** et l'œuvre du **Pain des pauvres de saint Antoine**. Histoire, lettres, fonctionnement; in-8°, 136 pp. Albi, Orphelins apprentis. — 2me édition en 1899 (*ibidem*).

1894. — **Petit trésor de l'âme pieuse**; in-18°, 295 pp. Paris, Casterman. — Jusqu'en 1907, plusieurs éditions.

1894. — **L'amour n'est pas aimé**; in-24°, 156 pp. Poitiers, Oudin. — Une 3me édition augmentée a paru en 1922, aux Voix Franciscaines : **Jésus mieux connu, aimé, imité**.

1894. — **Autobiographie** écrite à la demande de l'abbé Périlié, son neveu, comme un souvenir de famille; M. S. C., in-4°, 80 pp. Imprudemment prêté par son destinataire, ce précieux manuscrit fut imprimé en 1907, à l'insu de l'auteur et de sa famille.

1894. — **Discours** prononcé au grand pèlerinage de **Notre-Dame de Pellevoisin**; in-18'. 10 pp. Bourges.

1894. — **Une fleur à saint Antoine de Padoue**; in-32", 70 pp. Poitiers, Oudin.

1894. — Précieux souvenir. **Saint Antoine et le lis de la chasteté**; in-32", 8 pp. *(ibidem)*.

1895. — **Missionnaire catholique et pasteur protestant.** Mission de Saint-Antoine-du-Breuil (Réponse au pasteur Allegret); in-12", 70 pp. Bergerac, impr. du Sud-Ouest.

1895. — **La débâcle du protestantisme.** Retour au bercail. Deuxième réponse au susdit pasteur; in-12", 168 pp. *(ibid.)*.

1895. — **Cantiques à saint Antoine de Padoue;** in-18", 34 pp. *(Mis en musique par l'abbé Heirffelinck)*. Poitiers. Oudin.

1895. — Le Saint de notre époque. **Une fleur pour les treize mardis de saint Antoine;** in-24". 260 pp. Poitiers, Oudin. — Ce livre eut plusieurs éditions.

1896. — **Saint Antoine de Padoue,** modèle, protecteur et apôtre de l'Enfance et de la Jeunesse: in-32", 103 pp. *(ibidem)*.

1897. — **Vie séraphique de saint Antoine de Padoue;** in-32". 222 pp. *(ibidem)*. — Édition canadienne en 1924; in-8", 70 pp. Ottawa, Echo de Saint-François.

1897. — **Œuvre de Gethsémany** (Chapelle de la Visitation. à Toulouse); in-18", 11 pp. Toulouse, Saint-Cyprien.

1897. — **La sainte Amitié;** in-8", 234 pp. Ligugé, impr. Saint-Martin.

1897. — **La grande catastrophe** du Bazar de la Charité. Dédié aux familles des victimes; in-12", 30 pp. Poitiers, Oudin.

1897. — **Saint Antoine de Padoue,** fils privilégié de la Reine du Ciel; in-12", 50 pp. Echo de Saint-François.

1898. — **Faisons de bonnes élections.** Réponse aux questions actuelles; in-24", 60 pp. Poitiers. Oudin.

1899. — **Le clergé et le peuple.** Mal, causes et remèdes. Passé, présent, avenir: in-18", 136 pp. *(ibidem)*. — 2me édition augmentée en 1900 *(ibid.)*.

1899. — **La piété rendue facile**. Souvenir de mission et de retraite. Conseils, maximes, méthodes, prières, cantiques; in-32°, 48 pp. Poitiers, Oudin.

1900. — **Saint François et le Tiers-Ordre**. Discours prononcé à Rome, au Congrès international; in-8°, 16 pp. Toulouse, Saint-Cyprien.

1901. — **Nouvelle méthode** pour réciter le **saint Rosaire**; in-24°, 12 pp. Chambéry, impr. de Savoie.

1902. — Manuel du pèlerin de **Notre-Dame de Consolation au Pech** (*de Lavaur*); in-24°, 176 pp. Toulouse, Saint-Cyprien.

1908. — **Pie X et le parti de Dieu**. Dernier manuscrit de l'auteur, édité par l'abbé Lansac; in-18°, 16 pp. (*ibidem*).

1907. — **Vie du P. Marie-Antoine** écrite par lui-même; in-12°, 63 pp. Nice, impr. Patronage de Saint-Pierre. Editée à l'Orphelinat Marie-Thérèse de la Cité de Carcassonne (*voir supra, en 1894, une note spéciale sur cette autobiographie*).

1911. — **Lettres du P. Marie-Antoine à sa famille** (1836-1907); publiés par l'abbé Périlié, son neveu; in-16°, 340 pp. Paris, Bonne Presse.

1925. — **La bienheureuse Bernadette de Lourdes**. Sa Mission et sa glorification; nouvelle édition illustrée, disposée par le P. Jules d'Albi; in-16°, 156 pp. Toulouse, Voix Franciscaines.

P. Marius de Verruyes, 1900, ✠ .....

1922. — Corneille. **Les tragédies de la décadence**. Mémoire présenté à la Faculté des Lettres; M. S. C., in-8°, 140 pp.

1926. — **Le P. Grégoire de Saint-Loup,** capucin, guillotiné à Vesoul, le 15 janvier 1796. Drame en cinq actes; M. S. C., in-8°, 155 pp. Couvent de Bayonne.

1926. — **France d'abord**. Drame militaire en trois actes; M. S. C., 100 pp. (*ibidem*).

1927. — **La résurrection de Lazare**. Drame évangélique en cinq actes; M. S. C., in-8°, 110 pp. (*ibidem*).

— **Papillons du soir** : récits, contes, nouvelles; M. S. C., 300 pp. (*ibidem*).

P. Michel-Ange de Narbonne. 1879, ✠ ....

1895. — **Les caisses rurales**; in-24°, 56 pp. Rodez, impr.
Catholique.

1896. — **Recueil de cantiques de Mission**; in-24°. 32 pp.
Millau, Artières.

1904. — **Lectures du tertiaire**. Collection du *Memento mensuel* du Tiers-Ordre, de 1897 à 1903; in-8°, 288 pp. Carcassonne, Bonnafous.

1904. — **L'Immaculée-Conception.** Traduction de Pierre
Auriol (1314), et Sermons de François Ossuna (1532) sur le
même sujet; in-8°, 107 pp. Millau, Artières.

1913. — Ni division, ni confusion. **Théologie traditionnelle
de l'Incarnation.** *(Réponse au chanoine Marchand)*; in-8°,
196 pp. Voix Franciscaines.

1914. — **Esprit franciscain et Doctrine franciscaine;** in-
8°, 288 pp. *(ibidem)*.

1917. — **La Vie franciscaine en Espagne** sous Charles
Quint; in-8°, 300 pp. Madrid; extrait de la *Revista de archivos y museos.*

1925. — **Mystères de saint Joseph,** par le P. Bernardino de
Laredo, O. F. M. Traduction de l'espagnol et annotations; in-
12°, 134 pp. Carcassonne, P. Polère.

Articles parus dans les Revues.

1899. — **Le travail chrétien,** d'après la Règle de saint François; 54 pp. Etudes franciscaines.

1901. — **Le luxe de la conscience;** 85 pp. *(ibidem)*.

1910. — **Le salut franciscain** : *Soit loué N.-S. Jésus-Christ;*
32 pp. *(ibidem)*.

1924. — **Saint Pierre d'Alcantara;** 36 pp. *(ibidem)*.

1905. — **La Miséricorde divine** envers le pécheur repentant;
plusieurs articles dans la Bonne Parole *(Revue scotiste)*.

1907. — **Duns Scot dans l'histoire;** divers articles *(ibid.)*.

1919. — **San Pedro de Alcantara.** Tratado de la Oracion;
in-8°, 58 pp. Estudios franciscanos de Barcelona.

1922. — Louis de Grenade ou saint Pierre d'Alcantara?
Priorité d'auteur au sujet du *Traité de l'Oraison;* 20 pp.
Toulouse, Revue d'Ascétique et de Mystique.

1923. — Traduction du III⁰ Abécédaire de Pierre d'Os-suna, dans la Revue ORIENT, où elle se continue.

Depuis 1922, chargé de la revue ORIENT, qui lui doit son développement scientifique et franciscain.

P. PACIFIQUE DE VALIGNY, 1879, ✠ .....

1902. — Almanach micmac; in-12°, 38 pp. Ristigouche.

1903. — Le paroissien micmac; in-18°, 128 pp. *(ibidem)*.

1906. — Le catéchisme micmac; in-18°, 112 pp. *(ibidem)*.
Paillart. — 2ᵐᵉ édition, 1914. — 3ᵐᵉ édition, 1924 *(ibidem)*.

1908. — Petite histoire de la religion en micmac; in-18°,
78 pp. *(ibidem)*. — 2ᵐᵉ édition, 1921 *(ibidem)*.

1910. — Petit paroissien micmac noté; deux fascicules de
32 pp. chacun. Rimouski, S. Vachon.

1910. — Une tribu privilégiée; in-8°, 20 pp. Extrait de la
Nouvelle France. En 1912, les Études franciscaines ont re-produit cette brochure.

1912. — Le paroissien micmac, nouvelle édition considéra-blement augmentée; in-32°, 666 pp. Rimouski.

1921. — Manuel de prières, instructions et chants sacrés, en
hiéroglyphes micmacs (déchiffrés par le P. Leclerq, récollet
(1675-1687), complétés par le P. Kauder (1866), réédités,
par le P. Pacifique; in-12°, 456 pp. *(ibidem)*.

1923. — Mission des Micmas. Études historiques et géogra-phiques; in-8°, 40 pp. Québec, Société de Géographie.

1925. — Ristigouche, métropole des Micmas, et théâtre du
dernier effort de la France au Canada; in-8°, 174 pp.
(ibidem). (Voir le Supplément, p. 91).

P. PIERRE-BAPTISTE DE SIGNAC, 1878, ✠ .....

1899. — Souvenir d'un exilé *(Orihuela-Espagne);* in-12°,
197 pp. Carcassonne, Bonnafous.

1915. — Saint Paul de Pujos *(en Comminges).* Discours
aux pèlerins, par l'abbé Cassagne (patronymique); in-16°,
34 pp. *(ibidem)*.

1922. — Fondateur et rédacteur, jusqu'en 1925, de l'AMI DU FOYER, revue mensuelle de la paroisse Saint-Bonaventure, de Narbonne; in-12°, 24 pp. Narbonne, au Presbytère.

P. SÉBASTIEN DE BEAUMONT. 1887, ✝ 1926.

1902. — **Le P. Victor de Seintein** (✝ 1901) ; M. S. C., in-8°, 20 pp.

1915. — **Sonnets de guerre;** in-12°, 16 pp. Extrait des Voix Franciscaines.

1919. — Fondateur et principal rédacteur du BULLETIN DE L'ÉCOLE SAINT-FRANÇOIS. de Bayonne.

1923. — **Epopée sur la Vocation religieuse** et franciscaine.

1924. — **Lettre pastorale** du 4 octobre adressée à tous les religieux sur l'ESTIME ET L'AMOUR FILIAL DUS A NOTRE PROVINCE ET A NOTRE ORDRE; in-4°, 13 pp. Toulouse.

P. SÉRAPHIN DE VILLESPY. 1899, ✝ .....

1899. — **L'ancien couvent des Capucins de La Rochelle;** in-12°, 15 pp. Toulouse. Echo de Saint-François.

1900. — **Les Capucins et l'armée;** in-12°, 80 pp. Articles publiés dans l'Echo de Saint-François, jusqu'en 1902.

1903. — **De Djibouti à Harrar au XXme siècle;** in-12°, 18 pp. Voix Franciscaines.

P. SIGISMOND DE VILLENEUVE-COUSERANS. 1905, ✝ .....

1925. — **La Royauté universelle du Sacré-Cœur de Jésus et l'Immaculée-Conception,** d'après Duns Scot; in-12°, 18 pp. Voix Franciscaines.

Traduction hollandaise, en 1928, par le P. Hubert Van Groessen, capucin; in-18°, 18 pp. Eindhoven, N. V. Lecturis.

1926. — **Saint François d'Assise,** patron des jeunes Scouts catholiques; 118 pp. *(ibidem)*. (Ecrit avec la collaboration du P. Louis de Gonzague).

1926. — **La théologie de la fête du Christ-Roi;** in-12°, 165 pp. *(ibidem)*.

1926. — **Le Tiers-Ordre de saint François**, véritable Ordre religieux dans le monde; in-32", 36 pp. *(ibidem)*.

Rédacteur de la petite revue ORIENT, en 1921 et 1922.

P. ZACHARIE DE SULLY. 1861, ✝ 1868.

1867. — **Vie du Bienheureux Benoît d'Urbin**, publiée dans les Annales franciscaines.

1868. — **Nouveau Mois de Marie**, d'après la doctrine du P. Louis d'Argentan; in-18", 268 pp. Paris, Lethielleux. *(Ouvrage composé au courent de Perpignan)*.

1904. — Nouvelle édition: in-18", 272 pp. Paris *(ibidem)*.

AUTEURS SECONDAIRES.

P. ATHANASE DE SADOURNIN. **L'essentiel de l'éloquence apostolique** en dix causeries aux Etudiants de Toulouse, 1927; M. S. C., in-4", 113 pp., dactylographié à six exemplaires.

P. BLAISE DE MENDIONDE (✝ 1914). — Heren ordenako Erreglaren Chehetasunak. (**Règle du Tiers-Ordre expliquée**, en basque); in-12", 204 pp. Voix Franciscaines, 1914).

P. BONAVENTURE DE NARBONNE (✝ 1927). — **Triduum** prêché en 1912, dans une Communauté de Religieuses, au Canada (Six instructions); in-24", 100 pp. *(absque loco)*.

P. DANIEL D'ALLANCHE (✝ 1920). — **Vie du Bienheureux Jean Forest**, franciscain martyr, par le P. Thadée, O. F. M., traduite de l'anglais, en 1898; in-8", 40 pp. Paris, Œuvre de Saint-François.

P. EUSÈBE DE LARRESSORE. — Blugoseko Ama Birginari San Frantsesen Haurren Deyla berezia Baionako Fraide Kaputchinek moldatua. **Manuel basque des pèlerinages** du Tiers-Ordre à Notre-Dame de Buglose, organisés par les Capucins de Bayonne; in-16", 40 pp. Bayonne, impr. du Courrier (1928).

P. FIRMIN DE FIRMINY. — Calendrier franciscain. **Recueil de pensées** pour chaque jour de l'année (1926); in-18", 365 pp. Montpellier, impr. de l'Economiste.

P. Marie-Joseph de Robion (✝ 1880). — Le foyer des Vérités chrétiennes. **Le signe de la Croix** (1877) ; M. S. C., in-12", 63 pp., publiée en 1915, dans les Voix Franciscaines.

P. Maurice de Buzan. — **Manuel de la Sainte Famille,** à Saint-Charles de Limoilou; in-24°, 125 pp. Québec, Laflamme.

P. Régis de Bathernay (✝ 1926). — **Trois discours franciscains** *(adressés aux pèlerins d'Assise et du Mont Alverne — posthume) :* in-12", 60 pp. Toulouse, Voix franciscaines.

P. Théodose de Massat. — **La Communion de Marie,** par le P. Bernardin de Paris; nouvelle édition revue; in-24", 432 pp. Toulouse *(ibidem).*

P. Maur de Léonisse, profès de l'Ombrie (✝ 1911). — **Dissertatio de Onanismo conjugali** (1876) : in-8", 144 pp. Toulouse, Privat. — L'auteur écrivit cet ouvrage durant son lectorat à Toulouse. En 1896, devenu évêque titulaire et postulateur des Causes de l'Ordre, il publia une seconde édition, revue et augmentée, du même ouvrage : **Dissertatio de sanctitate Matrimonii vindicata;** in-8", 365 pp. Roma, Salviucci.

P. Joseph Calasanz de Llevaneras, profès de Catalogne ✝ 1913). Cet éminent religieux *(futur cardinal Vivès)* qui devait publier tant d'ouvrages au cours de sa vie, fit paraître les cinq premiers durant les sept années qu'il passa dans notre Province (1876-1883), alors qu'il était gardien du couvent d'Ygualada et directeur de notre Ecole Séraphique.

Compendium theologiæ moralis (1881) : in-18", 444 pp. — Compendium theologiæ dogmaticæ (1882); in-18", 358 pp. — Compendium juris canonici (1882); in-18", 344 pp. — Compendium hermeneuticæ sacræ (1883); in-18", 233 pp. Barcelona, libreria de la Immaculada Concepcion.

Ramillete espiritual de los imitadores de N. S. P. San Francisco (1883) ; in-24", 467 pp. *(ibidem).*

APPENDICES

I. — AUTEURS ANONYMES (1).

1869. — **Origines et débuts** de notre établissement à Cahors. M. S. C., in-4", 50 pp. *(P. Louis-Antonie de Porrentruy, premier Gardien).*

1880. — **Expulsion des Capucins** à Fontenay-le-Comte: in-8", 24 pp. Niort, Desprez.

1881. — Le 3 novembre 1880, au couvent des Capucins de Narbonne. **Expulsion des religieux;** in-8", 55 pp. Narbonne, Capelle.

1881. — **Les Capucins de Cahors** et l'exécution des décrets du 29 mars 1880: in-12", 20 pp. Cahors, Plantade.

1882. — **Une année d'exil** *(à Orihuela, Espagne);* in-24", 270 pp. Paris, Poussielgue.

1898. — **Documents principaux** de la Province de Toulouse (1870-1898); in-12", 204 pp. Paris, Casterman. *(Ces documents ne sont autres que les principales Circulaires des Ministres provinciaux, publiées à cette époque).*

1895. — **Couvent d'Etudes** : P. Gardien, P. Directeur, professeurs et étudiants, par un ancien professeur; M. S. C., in-4", 122 pp. *(Polycopié à Fontenay).*

1901. — **Exposition de la Règle des Frères-Mineurs,** à l'usage des Frères lais; M. S. C., in-12", 168 pp. Polycopié. *(P. Chérubin de Riotord).*

1903. — Les derniers jours chez les **Capucins de Périgueux.** Leur expulsion; in-18", 28 pp Périgueux, Cassard. *(P. Evangéliste de Saint-Béat).*

---

(1) Lorsque l'auteur anonyme nous est connu, nous l'indiquons entre parenthèses (.....).

1904. — Espoir quand même! **Glorieux récit de l'expulsion des Capucins,** par Jehan des Collineaux *(pseudonyme)*; in-8", 112 pp. Toulouse, Rédaction de l'Echo de Saint-François.

1904. — **Six mois d'exil au pays du Cid;** in-12", 102 pp. Poitiers, Oudin. *(Burgos et Cardegna furent le refuge des séraphiques, novices et étudiants de notre Province après les expulsions de 1903).*

1904. — **Cinquantenaire** de la proclamation du dogme de l'Immaculée-Conception. Fêtes et séance littéraire de nos Etudiants à Cardegna. Plus de trente pièces diverses et en plusieurs langues. M. S. C., in-4", 240 pp. *(présenté au Congrès marial universel de Rome).*

1905. — **Documents** du procès de béatification du Vén. Christophe (de Césène), édités par la S. Congr. des Rites, gr. in-4", 238 pp. Roma, Tipogr. Guerra e Mirra.

1906. — **Fêtes** du nouveau bienheureux Christophe, à la cathédrale de Cahors, du 23 au 26 novembre 1905; in-8", 96 pp. Cahors, Plantade. *(P. François-Xavier de Bouilh).*

1909. — **Cérémonial romano-séraphique** des Fr. Min. Capucins, publié en 1892 par le P. Général, traduit en français et disposé pour l'usage de notre Province; in-8", 590 pp., lithographié à vingt exemplaires.

1910. — **Souvenir d'un III** centenaire en pays micmac. Conversion de ce peuple, en 1610, par le baptême de son grand chef; in-8" illustré. 92 pp., suivi du *chant national des* MICMACS, par le P. Sébastien de Beaumont. Ristigouche.

1914. — **Projet et programme** d'une grande Revue franciscaine pour notre Province: in-8", 37 pp. Toulouse, Douladoure-Privat. *(Ce projet n'eut pas de suite).*

1915. — **Les Frères-Mineurs Capucins au Canada.** Noces d'argent de la paroisse Saint-François, d'Ottawa (1890-1915). Album illustré; in-4", 40 pp. Echo de Saint-François.

1920. — **Exposition de la Règle** des Frères-Mineurs, à l'usage des novices clercs; in-12", 85 pp., polycopié à Carcassonne. *(P. Marie-Louis de Riotord).*

1921. — **Sanctuaire de la Réparation.** Le Montmartre canadien. **Souvenir** du XXV anniversaire de ce lieu de pèlerinage; in-8" illustré, 12 pp. Ottawa, C d'imprimerie.

1926. — L'Ecole séraphique de la Province de Toulouse. Fêtes de son cinquantenaire (1876-1926) ; in-16", 120 pp. Voix Franciscaines *(P. Marius de Verruyes)*.

1926. — Septième Centenaire de la mort de saint-François. **Trois documents pontificaux** (de Léon XIII, Benoît XV et Pie XI) ; in-18", 68 pp. Toulouse *(ibidem)*.

1926. — **Le VIIme Centenaire** de la mort de saint François et les **Frères-Mineurs Capucins du Canada**. Souvenir des fêtes ; in-8", 363 pp. Ottawa, Echo de Saint-François. *(P. Casimir de Cieutat)*.

1926. — **Journée anglaise** du VIIme Centenaire de la mort de saint François. — VII Centenary of the death of saint Francis of Assisi ; in-8", 107 pp. *(ibidem)*.

1926. — **Règlement de l'Ecole séraphique**, approuvé par le Définitoire provincial, en avril 1888, revu et confirmé de nouveau par la Définition d'octobre 1926 ; M. S. C., in-4", 52 pp.

1927. — **Souvenir des fêtes de Bayonne**. VIIme Centenaire de la mort de saint François ; in-16", 170 pp. Bayonne, impr. du Courrier.

AUTRES ANONYMES.

1863. — **Journée spirituelle** des jeunes personnes, par un religieux capucin (de la résidence de Perpignan) ; in-24°, 138 pp. Paris, Dupuy, et Versailles, Osvald.

1868. — **Confrérie de la Félicitation sabbatine**, traduite du latin ; in-24", 35 pp. Castres, Abeilhou [P. R. de B.].

1869. — **Archiconfrérie du Cordon de Saint-François**, 2me édition ; in-24", 23 pp. Périgueux, J. Bonnet.

1871. — **Cantiques choisis** pour Missions, Retraites, etc., à l'usage des PP. Capucins ; in-24, 46 pp. Toulouse, Pradel et Viguier.

   Nouvelle édition en 1875 *(ibidem)*.

1886. — Autre édition augmentée ; in-32", 72 pp. Poitiers, Oudin. *(Modifié maintes fois, quant au nombre et au choix des cantiques, ce* RECUEIL *continua d'être édité par la librairie Oudin, jusqu'en 1907. A cette époque, la rédaction des* VOIX

Franciscaines *le prit à son compte, et elle en fait encore l'expédition).*

1896. — **Cantiques de Mission**; in-32", 32 pp. Millau, Artières. *(Cette édition ne fut guère utilisée que par nos Missionnaires de l'Aveyron).*

1874. — **Réponse à un ami**, par un voyageur de Lyon; in-12", 16 pp. Carcassonne, P. Polère. *(P. Exupère de Prats).*

1877. — **Souvenir de la Mission** prêchée à la cathédrale de Rodez, pendant le Carême, par les PP. Capucins; in-8", 16 pp. Extrait de la Semaine religieuse.

1886. — **Schematismus** Fr. Minor. Capuccinorum provinciæ Tolosanæ. — Jusqu'en 1886, le tableau des familles conventuelles était publié à la fin de l'Ordo; il en fut de même en 1898 et 1902. En 1884, il fut imprimé à la suite d'une circulaire du P. Provincial. Mais à partir de 1886 et jusqu'en 1896, presque chaque année il parut dans une brochure spéciale. Il en a été de même en 1901, 1905, 1921 et 1925. La disposition de ces diverses nomenclatures officielles depuis 1886, a été l'œuvre successive des Secrétaires provinciaux : P. Ernest de Beaulieu et P. Gabriel de Lavernose.

1887. — **La Mission** prêchée en l'Eglise cathédrale d'Angoulême, par les PP. Capucins, pendant le Carême; in-24", 52 pp. Angoulême, Rousseau *(PP. Exupère et Ernest).*

1894. — **Neuvaine séraphique** à saint Antoine de Padoue, extraite des Sermons de saint Bonaventure; in-32", 33 pp. Poitiers, Oudin. *(P. Jean de Beaulieu).*

1895. — **Le P. Donatien de Lannes** (1818-1891) : in-12", 23 pp. Toulouse, Saint-Cyprien.

1896. — **Le Scapulaire de saint Joseph**; notice, faveurs et cérémonial; in-24", 12 pp. Toulouse, Sœurs franciscaines. *(Les dessins de ce Scapulaire sont dûs au P. Pierre-Baptiste de Reims, décédé au couvent de Manresa, en 1883).*

1896. — **Règlement** de l'Œuvre des Vieillards délaissés *(fondée à Millau, par le P. Marie-Bernard)*; in-16", 17 pp. *(absque loco).*

1896. — **Réponse aux francs-maçons**, par Oscar d'Yvry; in-18", 34 pp. Limoges, impr. T. L. *(P. Anselme de Cette).*

1902. — **Œuvre de la Sainte-Face**, fondée au couvent de

Toulouse, en 1896, par le P. Alfred de Carouge, érigée en
Confrérie par le cardinal Matthieu, en 1898. — La notice,
le règlement et les prières ont été annexés aux MÉDITATIONS
SUR LA SAINTE FACE, par le P. Exupère; in-18°, 88 pp. Paris, Casterman.

1902. — **Voici le temps** des grandes luttes. Chrétiens français, debout! in-18°, 16 pp. Bayonne, Lamaignère. *(P. Sylvestre de Saléchan)*.

1903. — Siège du fort du Mail. **Expulsion du couvent de
Carcassonne**, par l'abbé M. Barde; in-18°, 122 pp. Carcassonne, Bonnafous-Thomas *(P. Anselme)*.

1911. — **Lettre d'un jeune religieux** de l'Ordre des Capucin, à l'un de ses anciens condisciples de X...; in-12°, 32 pp.
Québec, Couvent de Limoilou. *(P. Prosper de Fontenay)*.

1912. — **Quatre chants populaires** en l'honneur de Jeanne
d'Arc, par l'abbé Léon Chalais; in-12°, 15 pp. Poitiers,
Bonne Presse. *(P. Martial de Salviac)*.

1916. — **Des héros et des martyrs**. Dédié aux souscripteurs
de la construction de l'église de Limoilou; in-8°, 12 pp. Québec. *(P. Maurice de Buzan)*.

1918. — **Hommage reconnaissant** aux souscripteurs de
l'église Saint-Charles de Limoilou (Québec); in-8° illustré,
16 pp. *(absque loco)*.

1921. — **L'hirondelle**. Divers articles de nos Etudiants français à leurs confrères canadiens: M. S. C., in-8°, 100 pp.,
enluminé par les Clarisses de Mazamet.

1923. — **Bénédiction du carrillon** de l'église Saint-François,
à Ottawa; in-8°, 17 pp.

1926. — **Prières quotidiennes** en usage à l'Ecole Saint-François de Bayonne; in-32°, 48 pp. Bayonne, impr. du Courrier.

1926. — VIIme Centenaire de la mort de saint François. **Programme des fêtes à Ottawa et à Hull**; in-8°, 15 pp. Echo
de Saint-François.

19..... — **Directoire** pour les Missions paroissiales; in-12°,
16 pp. lithographié.

1902 à 1904. — **Notices nécrologiques** de trois jeunes clercs
données en SUPPLÉMENT, par l'ECHO DE L'ECOLE SÉRAPHI-
QUE : Fr. Roger de Saint-Elix († 1884). — Fr. Fulgence

d'Angoulême (✣ 1900). — Fr. Léopold de Lurcy-Lévy, (✣ 1903) ; in-F°, 10 pp. pour chacun.

1886. — **Rituale manuale** ad usum Fr. Minor. Capuccinorum ; in-12, 379 pp. Carcassonne, l'omiés. (*P. Sigismond de Pithiviers*).

1884. — **Reglamento** para la Sociedad de San Antonio de Padua, establecida en la iglesia de PP. Capuchinos de Orihuela ; in-18°, 15 pp. Barcelona, Quintana y Puig.

1884. — **Reglamento** para la Congregacion de la Divina Pastora, establecida, etc. (*ibidem*) ; in-18°, 16 pp. (*ibidem*). *Ces deux associations furent fondées par les Capucins français réfugiés dans cette ville (1880-1889).*

1888. — **La Vida de N.-S. Jesuchristo** contada á los niños ; in-18°, 156 pp. Einsiedeln, Benziger. (*Traduction du français, par le P. Jacques de Guatemala*).

1888. — **Tesoro del Cristiano,** o coleccion de Oraciones piadosas ; in-32°, 160 pp. (*ibidem*). (*Par le même religieux*).

1923. — La clausula 56. **Toleranza religiosa a Malta,** seconda la nuova Costituzione ; in-16°, 10 pp. Malta. (*P. Fortuné de La Valette*).

II. — Ouvrages communs aux trois Provinces sœurs.

1860. — **Coutumier** des Fr. Min. Capucins de la Prov. de France ; in-12°, 112 pp. Paris, Remquet. (*Rédigé en 1855, par une Commission de religieux, on le mit à l'épreuve, et il fut approuvé par le P. Général, en 1860. Le P. Laurent d'Aoste, ministre provincial, le promulgua*).

1870. — **Décret de division de la Province des Capucins de France,** par le P. Nicolas de Saint-Jean, ministre général ; M. S. C., in-F°, 16 pp., lithographiées. Rome, couvent de l'Immaculée-Conception.

1873, 25 août. — **Circulaire des cinq Provinciaux** de France et de Belgique aux membres du Tiers-Ordre. Conditions pour être de vrais Tertiaires ; in-8°, 8 pp. (*absque loco*).

1878. — **Coutumier** des Fr. Min. Capucins, à l'usage des trois Provinces de France ; in-12°, 315 pp. Saint-Etienne,

Forestier. *(Préparé par quatre Pères de Lyon et soumis aux trois Définitoires provinciaux, il fut approuvé par le P. Général, en 1877).*

1890. — **Necrologium** Fr. Minor. Capuccinorum provinciæ Galliae: in-12°, 120 pp. Tournay, Casterman. *(P. Apollinaire de Valence).*

1898. — **Programme des** « Etudes franciscaines »; in-12°, 70 pp. Œuvre de Saint-François. *(Programme projeté par les Provinciaux de France et de Belgique).*

1903. — **Les Capucins et la France,** par le P. Hilaire de Barenton *(Paris);* in-8°, 200 pp. Paris, Mersch.

1903. — **Les Franciscains en France,** du même auteur; in-16°, 64 pp. Paris, Bloud et C°.

1903. — **La guerre aux Congrégations religieuses,** du même; in-12°, 56 pp. Vannes, Lafolye.

1905. — **Deux martyrs Capucins.** Les Bienheureux Agathange de Vendôme et Cassien de Nantes, par le P. Ladislas de Vannes: in-12°, 332 pp. Paris, Poussielgue.

1906. — **Histoire des Fr. Min. Capucins de l'ancienne Province de France** (1820-1870): 2 vol. in-8° de 356 et 328 pp. Rome, couvent généralice. *(P. Irénée d'Aulon).*

1920. — **Les Capucins français,** par le P. Eugène de Saint-Chamond *(Lyon);* in-16°. 56 pp. Saint-Etienne, Le Hénaff. — Edition canadienne en 1923, avec une *Troisième partie* sur notre établissement dans ce pays (par le P. Casimir de Cieutat); in-8°, 58 pp. Ottawa, Echo de Saint-François.

1926. — **Capucins missionnaires.** Missions françaises. Notes historiques et statistiques; in-8° illustré, 100 p. Paris, libr. Saint-François *(par les quatre Provinces françaises).*

1927. — **Le R°° P. Venance** de l'Isle-en-Rigault, ex-Ministre général, par le P. Théobald de Courtomer *(Paris);* in-8°, 128 pp. Paris, libr. Saint-François.

1757. — **Règlement pour les Etudiants capucins,** composé en 1757, approuvé par le Définitoire général en 1758, confirmé par Benoît XIV, le 15 avril 1758: M. S. C., in-12, 35 pp.

III. — Mission apostolique des Gallas.

1832. — Le P. Chérubin de Civezza, O. F. M., vice-préfet apostolique à Alexandrie, présente à la S. Congr. de la Propagande un rapport sur la situation religieuse en Abyssinie, et l'opportunité d'y ouvrir une Mission. Le Pape approuva, mais le projet ne put être exécuté.

1834, 25 août. — Deux Frères-Mineurs espagnols du collège Saint-Paul, de Damas (P. Emmanuel Ruiz et P. Joachim Busto, de Burgos) demandent à la S. Congr. d'aller en Abyssinie, dont l'empereur est favorable aux Missionnaires. (La requête resta sans effet).

1837. — Les deux explorateurs français, Antoine et Arnaud d'Abbadie (de Ciboure), facilitent l'entrée des Lazaristes en Abyssinie. Le 26 juillet 1838, le prêtre Sapeto écrit d'Adoua, à la Propagande, qu'il a pu célébrer la sainte Messe dans une église abyssine — ce qui ne s'était pas vu depuis plus de 200 ans! — Le lazariste Justin de Jacobis est désigné pour diriger la nouvelle Mission.

1840, 1ᵉʳ mai. — Arnaud d'Abbadie écrit de Massawah au cardinal, Préfet de la Propagande, qu'il va se rendre au Schoa avec son frère, d'où il cherchera à faciliter l'établissement d'une Mission chez les Gallas.

1843. — M. de Blondel, consul belge, expose au Cardinal préfet, les conditions qui peuvent favoriser une Mission catholique aux Gallas.

1845, 9 mars. — Antoine d'Abbadie écrit de Quarata au card. Franzoni, Préfet de la Propagande, la lettre maintes fois reproduite, qui détermina notre établissement aux Gallas.

1845. — Le 3 décembre, la S. Congr. communique la susdite lettre à la Curie généralice des Capucins avec l'espoir que notre Ordre voudra se charger de cette lointaine Mission. Le 8 décembre, la Mission des Gallas est acceptée par les Supérieurs généraux; et le P. Guillaume (Massaia), de la province de Piémont, est désigné pour en être le premier Vicaire apostolique.

1846. — Les premiers Missionnaires des Gallas s'embarquèrent le 26 mai, à Civita-Vecchia, sur le bateau français : Le Périclès.

1850. — Mgr Massaia vient à Rome afin d'obtenir des Capucins français pour sa Mission. *(La Province naissante ne put en fournir encore)*.

1863. — Les PP. Dominique de Castelnaudary, Félix de Fiancey et Exupère de Prats s'embarquent pour les Gallas. L'opposition de l'empereur d'Abyssinie les empêcha d'y entrer. *(Le P. Exupère composa son* ADEN ET LE GOLFE D'ADEN).

1864. — Mgr Massaia revient à Rome, puis en France. Il obtient des Supérieurs l'établissement d'un collège d'enfants Galla au couvent de Marseille.

1866. — Les PP. Taurin d'Heubécourt et Ferdinand d'Hyères s'embarquent pour l'Abyssinie (en octobre).

1870. — La guerre franco-allemande occasionne la fermeture du collège Galla de Marseille.

1873. — Le P. Taurin est préconisé évêque coadjuteur de Mgr Massaia. Celui-ci lui confère la consécration épiscopale, le 14 février 1875.

1880. — Mgr Massaia, octogénaire, et persécuté par l'empereur abyssin, se retire en Italie. Léon XIII lui demande d'écrire les MÉMOIRES DE SES TRENTE-CINQ ANS D'APOSTOLAT EN ABYSSINIE.

1880. — Mgr Taurin lui succède aux Gallas, en qualité de Vicaire apostolique de cette Mission.

1884. — Mgr. Massaia est créé cardinal, par Léon XIII. Il mourut cinq ans après (1889), près de Naples, et ses précieux restes furent rapportés au couvent de Frascati.

1899. — Mgr Taurin, venu en France pour les intérêts de la Mission, meurt inopinément au couvent de Carcassonne.

1900. — Le P. André de Saint-Mars-des-Prés (religieux de notre Province), est nommé Vicaire apostolique des Gallas.

Rᵐᵉ P. GUILLAUME DELLA PIOVA (MGR MASSAIA),
1825, ✝ 1889.

1867. — **Lectiones grammaticales** pro Missionaribus qui addiscere volunt linguam amaricam seu vulgarem Abyssiniæ, nec non linguam oromonicam seu populorum Galla nuncupatorum; in-8°, 500 pp. Parisiis, in typographeo imperiali.

1885-1895. — **I miei trentacinque anni di Missione nell Alta Etiopia**; 12 vol. in folio (le 1ᵉʳ, 216 pp; le 12ᵐᵉ, 285 pp.). Roma, tipografia poliglotta. (*Ecrits par ordre du pape Léon XIII, avec la collaboration du P. .....*).

1887. - - **Mes trente-cinq ans de Mission dans la Haute-Ethiopie**. Mémoires historiques du cardinal Massaia, ancien Vicaire apostolique des Gallas. T. Iᵉʳ, traduit de l'italien, par l'abbé Abel Gaveau; in-4°, 350 pp. Lille, Desclée.

Arrêté dès le second volume par l'exposé de certains points délicats, l'abbé Gaveau n'osa point passer outre. Il est cependant regrettable qu'il n'ait pas simplement omis ces passages et continué son très utile travail.

R. P. TAURIN D'HEUBÉCOURT (MGR CAHAGNE),
1856, ✝ 1899.

1866. — **Discours** prononcé à l'église Saint-Barnabé, de Marseille, en faveur de l'ŒUVRE SAINT-MICHEL DES GALLAS pour la formation d'un clergé indigène; in-8°, 20 pp. Marseille, Marius Olive. (*Mgr Massaia était présent; le P. Taurin était gardien du couvent de Marseille*).

1899. — **Grand Catéchisme à l'usage des Oromos**; in-12°, 132 pp. Carcassonne, Bonnafous. — En 1902, 2ᵐᵉ édition (*ibidem*).

1899. — **Petit Catéchisme et Manuel du chrétien**, à l'usage des mêmes; in-12°, 204 pp. Carcassonne (*ibidem*).

1900. — Raga Motuma Waga Kristosittif; in-12°, 63 pp. (*ibidem*).

1866-1899. — **Mémoires historiques** de ses trente-trois ans d'apostolat aux Gallas. Précieux manuscrits conservés aux Archives de cette Mission.

R. P. ANDRÉ DE SAINT-MARS (MGR JAROSSEAU), 1876, ✝ .....

1922. — **Notions grammaticales** sur la langue Galla ou Oromo; in-8°, 154 pp. Diré-Daoua (*Abyssinie*), impr. Saint-Lazare.

192... — **Livre de prières** à l'usage des Oromos.

1925. — **Conférence** à l'Institut catholique de Paris sur la Mission Galla; in-12, 20 pp. Paris, Bloud (*Apost. — 2ᵉ série*).

1928. — **Vocabulaire français oromo, abyssin;** in-8",
127 pp. *(ibidem)*.

1927. — **Précis historique et chronologique** des principaux événements qui concernent la Mission des Gallas, depuis sa fondation (1845) jusqu'à nos jours. Publié dans les
les Analecta Ordinis, à partir du mois de mai.

P. Juste d'Urbino, ..., ✝ 1854.

1850 à 1854. — **Dictionnaire éthiopien-français-amarinna**, compilé en Éthiopie avec le concours de professeurs
indigènes. Devenu propriété des Archives de la Propagande, ce précieux travail, encore manuscrit, fut prêté en
1875, à M. Antoine d'Abbadie, par le cardinal Préfet pour
être mis en valeur. V. *infra*.

P. Léon des Avanchers, ..., ✝ 1881.

1851. — **Relation de son voyage** aux Iles Seychelles jusqu'à
son départ, en 1855; M. S. C., in-folio, 56 pages. Arch.
prov. *(Presque à son insu, ce religieux fut l'initiateur de
cette Mission, confiée à ses compatriotes les Capucins de Savoie)*.

1875. — **Mémoires historiques** d'une partie de son long
apostolat en Abyssinie; 2 vol. M. S. C., in-4° de 300 pp. chacun, plus un vol. in-12", 200 pp. *(ibidem)*.

P. Joachim de Boclquillas, 1876, ✝ 1912.

1902. — Afabèti kan afan oromo-gosoli oromof kan kitabame;
in-24°, 27 pp. Carcassonne, Bonnafous.

1906. — **Grand catéchisme Oromo** de Mgr Taurin, traduit
en Amara; in-12". Rome, impr. de la Propagande.

1906. — **Petit catéchisme** du même auteur, traduit de
l'Oromo en Amara; in-18". 60 pp. Rome *(ibidem)*.

1907. — **Evangiles de saint Jean et de saint Matthieu,**
traduits en Amara; in-12" *(ibidem)*.

1908. — **Evangiles et Epîtres des Dimanches** et principales
fêtes de l'année, traduits en Amara; in-8" illustré, 180 pp.
(ibidem).

P. Bernardin de Saint-Pons (P. Azaïs), 1885, ✝ ....

1903. — **Héros et Épousés. Conversion au Christianisme d'un jeune musulman et d'une jeune musulmane**, publié dans l'Echo de Saint-François, puis dans le Livre d'or illustré de l'Exposition missionnaire au Vatican.

1910. — **Histoire de la Léproserie d'Harar**; in-4°, 24 colonnes dans les Missions catholiques.

1920. — **Fouilles de Thrace** (durant la grande guerre). Notes mises en valeur par M. Geoffroy de Grandmaison.

1922. — **Mollusques fossiles** découverts dans la province du Harar, notamment une Ronchinelle d'espèce inconnue jusqu'ici. Recueillie au musée de paléonthologie de Paris, elle a reçu le nom de Ronchinella-Azaïsi. *(Quatre Missions scientifiques étrangères venues antérieurement avaient découvert dans le même pays dix-sept espèces de mollusques fossiles. Le P. Bernardin a porté ce chiffre à trente-sept.*

1923. — **Découvertes archéologiques en Ethiopie** (Province du Harar); 20 pp. in-4° publiées dans la France illustrée.

1925. — **Une Mission archéologique en Abyssinie**; 10 pp. dans les Etudes franciscaines.

1925. — **La religion Galla. — Le paganisme en pays Gouraghé. — Contes gallas** — 46 pp. in-8°. Articles dans la Revue d'Ethnographie, de Paris.

1926. — **Expédition archéologique** à travers dix provinces de l'Ethiopie méridionale: 10 pp. in-4° illustrées. Revue de la Société de Géographie, de Paris.

1923. — **Cinq années de recherches archéologiques dans la province du Harar et l'Abyssinie méridionale**, avec Préface de M. Pottier, membre de l'Institut et Conservateur au musée du Louvre: 2 vol. grand in-4°, de 400 pp., illustrés *(400 photographies)*, publiés sous les auspices du Gouvernement français et du ministère de l'Instruction publique. Paris, Godner, éditeur orientaliste.

L'ouvrage est couronné : 1° par un appendice anthropologique avec contribution du Muséum d'histoire naturelle; 2° appendice épigraphique... de M. Ravaisse, professeur à

l'Ecole des langues orientales; 3° appendice linguistique...
de M. Cohen, professeur *(ibidem)* ; 4" appendice géologique
par Cottereau, du Muséum...

Le P. Bernardin fut rédacteur du SEMEUR D'ETHIOPIE depuis sa fondation (1904) jusqu'en 1910.

P. MARTIAL DE SALVIAC. 1882, ✝ 1925.

1900. — **Un peuple antique,** ou une colonie gauloise au pays
de Ménélik. **Les Galla, grande nation africaine;** in-8",
424 pp. Cahors, Plantade.

1902. — Nouvelle édition illustrée, couronnée par l'Académie
française; in-8", 356 pp. Poitiers, Oudin.

1902. — **Les anciens Missionnaires de l'Ethiopie et la
science;** in-8", 15 pp. Etudes franciscaines.

1925. — **Les oiseaux d'Ethiopie et du pays Galla;** in-8",
illustré, 71 pp. Voix Franciscaines.

1926. — Voyage d'Orphile en Ethiopie. **L'étude des oiseaux.**
Edition canadienne et augmentée (de l'ouvrage précédent) ;
in-8", 96 pp. Ottawa, Echo de Saint-François.

P. CYPRIEN DE SAINT-MAURICE. — **Cinq lettres instructives**
sur la Mission des Galla. Toulouse, Echo de Saint-François
(1894-95).

P. ALFRED DE CAROUGE. — **Une Mission en Ethiopie;** in-
12', 390 pp. Paris, Poussielgue (1902).

P. SÉRAPHIN DE VILLESPY. — **De Djibouti à Harar,** au
XX" siècle; in-12", 18 pp. Voix Franciscaines (1903).

P. MARIE-BERNARD DE CAHORS, fondateur de la petite revue
Le Semeur d'Ethiopie, organe de la LÉPROSERIE D'HARAR
auprès de ses bienfaiteurs (1901).

LE R"" PACIFIQUE DE SEGGIANO. Ministre général, fonde à
Rome une revue spéciale des Missions de l'Ordre, et lui
donne comme titre le nom du fondateur de celle des Galla :
IL MASSAIA (1914).

P. PASCAL DE LUCHON. — Diverses lettres importantes publiées
dans les Voix Franciscaines et dans l'Echo de Saint-François
du Canada.

P. Ange de La Valette. — **Malta e Abissinia**. Ragguagli sulla Missione Galla; rapporti fra i due paesi; in-12", 72 pp. Valletta, tipogr. del Malta (1926).

Malta missionaria: in-16", 50 pp. Malta *(ibidem)*.

1882. — Abrégé de la **Vie des PP. Agathange et Cassien**, (martyrisés en Abyssinie), par le P. Emmanuel de Rennes (1756), réédité par Antoine d'Abbadie ,de l'Institut de France; in-12", 160 pp. Paris, Maurice Tardieu.

1887. — **Deux martyrs français au XVII siècle**. PP. Agathange de Vendôme et Cassien de Nantes; in-12", 72 pp. Extrait des Annales franciscaines. — 2""" édition en 1905, après la béatification par Pie X.

1891. — **Vita e martirio** dei Ven. Padri Agatangelo e Cassiano, sacerdoti Capuccini, per il P. Antonio da Pontedera; in-12", 253 pp. Roma, tipog. Vaticana. — 2""" édition augmentée en 1904; in-8", 344 pp. Roma, tipog. V. Salviucci.

1901. — Sacra Rituum Congregatio. Card. Dominico Ferrata relatore, Abissinen. Beatificationis, seu declarationis Martyrii VV. Servorum Dei : Agathangeli et Cassiani Sacerd. Ord. Minor. Capuccinorum; in-4", 450 pp. Romæ, typis Guerra et Mirri.

1905. — **Deux martyrs Capucins**. Les Bienheureux Agathange de Vendôme et Cassien de Nantes, par le P. Ladislas de Vannes; in-12". 332 pp. Paris. Poussielgue.

1906. — **Triduum solennel** des BB. Agathange et Cassien, à Nantes *(anonyme)*; in-12", 52 pp. Marseille, Ateliers professionnels.

Les Archives de notre Province possèdent un double dactylographié de la Correspondance des Missionnaires des Gallas avec la S. Congr. de la Propagande, de 1845 à 1900.

Ouvrages d'auteurs étrangers concernant notre Mission d'Abyssinie.

Publications de M. Antoine d'Abbadie.

1859. — **Catalogue** raisonné des Manuscrits éthyopiens; in-4", 236 pp.

1868. — **Monnaies** des rois d'Ethiopie; in-8°, 40 pp.

1868. — **L'Abyssinie** et le roi Théodore; in-8°, 45 pp. Le Correspondant.

1872. — Notice sur les langues de Kam.

1877. — Les causes actuelles de l'esclavage en Éthiopie; in-8°, 30 pp.

1880. — Sur les **Oromo, ou Galla,** nation africaine; in-8°, 26 pp. (*ibidem*).

1881. — **Dictionnaire** de la langue Amariñña; in-8°, 1336 pp. Paris, F. Vieweg. (*Dans la Préface, l'auteur rend hommage à Mgr Taurin Cahagne pour la collaboration qu'il a apportée à son ouvrage. Pareillement, il a mis en valeur le :* Dictionnaire Éthiopien-Français-Amarinna, *du P. Juste d'Urbino, déjà mentionné*).

1890. — **Géographie de l'Éthiopie;** in-8°, 457 pp. Paris, G. Mesnil.

1868. — **Douze ans de séjour dans la Haute-Éthiopie,** par Arnaud d'Abbadie. Tome I⁰, in-8°, 637 pp. Paris, Hachette. Le tome II, encore manuscrit, est conservé au château de Ciboure, dans la famille de l'auteur.

1899. — **Il P. Giusto da Urbino,** missionario in Abissinia, per Francesco Tarducci; in-12°, 227 pp. Bologna, L. Beltrami.

1901. — **Le Christianisme au pays de Ménélik,** par l'abbé L. Gondal SS., supérieur du Grand Séminaire de Toulouse; in-12°, 63 pp. Paris, B. Bloud.

1907. — **L'Apostolo dei Galla,** o Vita del cappuccino cardinale, Fr. Guglielmo Massaia della Piova, per L. Gentile; in-12°, 478 pp. Asti, tipogr. populare Astigiana.

1909. — **Centenaire** de la naissance du cardinal Massaia, célébré le 8 juin, près de son tombeau (couvent de Frascati). Discours du P. Semeria, barnabite; in-8°, 24 pp. Roma, Fiordalisa.

1911. — **Le cardinal Massaia,** par..... Contemporains de la Bonne Presse, n° 966.

1925. — Compte-rendu du **voyage archéologique du P. Bernardin Azaïs** en Éthiopie, par M. Litmann, épigraphiste allemand; in-8°, 20 pp.

1925. — Compte-rendu *(idem)*, par M. Ravaisse, arabisant
français: in-8°, 11 pp., illustré.

1927. — **Une Mission archéologique** du P. Bernardin Azaïs
en Abyssinie, par le P. J...; 12 pp. Etudes franciscaines.

1927. — Compte-rendu, etc., par Georges Benedite, professeur
d'archéologie égyptienne au musée du Louvre; in-4°, 20 pp.
Paris, Revue de l'Egypte ancienne, tome I°. *(Reproduit dans
notre revue* ORIENT, *1927)*.

1928. — Long article similaire paru dans la revue anglaise
VESTIGIA, et traduit en anglais par la duchesse de Croy *(numéro d'avril)*.

   *Comme couronnement de tous ces témoignages en l'hon-
neur de notre confrère, mentionnons la longue audience que
lui accordait naguère le Pape Pie XI. Le savant Pontife s'in-
téresse vivement à sa Mission d'explorateur.*

1866. — L'Abyssinie et son Apôtre. **Vie de Mgr de Jacobis,**
lazariste et Vicaire apostolique: in-12°, 150 pp. Paris. *(Con-
temporain de Mgr Massaia, et sacré évêque par lui; ils furent
les deux premiers ouvriers évangéliques qui firent renaître
la foi catholique en Abyssinie)*.

IV. — OUVRAGES D'AUTEURS ÉTRANGERS CONCERNANT
NOTRE PROVINCE.

1857. — **Rétablissement des Capucins à Toulouse,** par A.
Rodière, professeur à la Faculté de Droit; in-12°, 36 pp.
Toulouse, Delsol.

1861. — **Autobiographie** du P. Samuel de Barcelone. Son
odyssée en France, dans le Roussillon *(après les expulsions
de 1835 dans son pays)*; M. S. C., in-12°, 51 pp. *(Arch.
prov.)*.

1865. — **Un capucin devant la Bible,** ou réponse au P. Marie-Antoine, par D. de Robert, pasteur protestant; in-12°,
144 pp. Toulouse, libr. Lagarde.

1865. — **Un monument à la Vierge,** à Puylaurens *(Tarn)*.
Mission du P. Marie-Antoine: in-8°, 10 pp. Toulouse, J.-B.
Cazaux.

1866. — Notice sur la **Mission prêchée à L'Isle-en-Jour-**

dain *(par les PP. Marie-Antoine, Pierre et Ignace)*, par Cyr Saint-Laurens; in-16", 98 pp. Toulouse, Hébrail. *(La célèbre conversion de Pierrasse en fut le couronnement)*.

1876. — **Saint François d'Assise**, par Granger le bibliophile; in-12", 222 pp. Agen, Michel et Médan.

1880. — **Notre-Dame de Lourdes** et l'Immaculée-Conception, par le P. Hilaire de Paris: in-8", 565 pp. Lyon, J.-B. Pélagaud.

1880. — **La bergère de Lourdes. Sœur Marie-Bernard.** Sa vie et sa mort, par P. M..., professeur; in-16", 238 pp. Toulouse, Gibrac. *(Le P. Marie-Antoine, auteur véritable de ce livre et qui avait prêté ses Notes, désapprouva formellement sa publication)*.

1881. — **Bataille** des fils de Satan contre un pauvre capucin *(P. Marie-Antoine) (Anonyme)*; in-12", 16 pp. Castres, Abeilhon.

1885. — **Mémoires biographiques** du P. Guillaume de Ugar, ancien gardien du couvent généralice de Bayonne; in-8", Madrid, MENSAJERO SERAFICO.

1890. — **La Croix de Mission à Aiguillon** *(Lot-et-Garonne)*; in-12", 15 pp. Agen, Veuve Lamy. *(Deux Capucins)*.

1891. — **La France à Jérusalem.** Cantiques et discours (empruntés au P. Marie-Antoine); in-24", 78 pp. Périgueux, Cassard. *(Au profit de la chapelle de Notre-Dame du Spasme, à Jérusalem, fondée par ce religieux)*.

1893. — **Vida del Ven. P. Ignacio de Monzon**, por el P. Antonio de Alicante: in-12", 292 pp. Roma, tipogr. Vaticana. *(Ce grand serviteur de Dieu — en voie de béatification — obtint de grandes faveurs aux Capucins français réfugiés au couvent d'Orihuela, où ses précieux restes sont conservés)*. (1880-1889).

1895. — **Saint Amadour et sainte Véronique**, par Michel Bourrières *(Président du T.-O. de Cahors)*; in-8", 282 pp. Cahors, Layton.

1895. — **Rocamadour. Ses origines**, du même auteur; in-8", pp. Paris, Tolra. *(Les deux volumes furent composés avec la collaboration du P. Fulgence de Carcassonne)*.

1895. — Pasteur protestant et missionnaire catholique. **Ré-**

ponse au **P. Marie-Antoine,** par Paul Allegret, pasteur de
l'Eglise réformée. — 4me édition; in-8°, 133 pp. Mazamet,
Victor Carayol. *(La Mission prêchée par le P. Marie-Antoine, à Saint-Antoine-du-Breuilh (Dordogne), en 1894,
avait donné lieu à cette polémique).*

1898. — **Rétablissement des Grands Pardons de Rocamadour,** dû à l'initiative du P. Thomas de Clérieux, qui l'obtint de Mgr Eynard, évêque de Cahors. — Lettre pastorale
du prélat; in-8°, 44 pp. Cahors, Plantade.

1897. — **Petit trésor des amis de saint Antoine et des
pèlerins de Montcalm,** par l'abbé Ernest Vidal, curé d'Au-
zat et chapelain; in-24°, 116 pp. Paris. Œuvre de Saint-
Paul. *(C'est une 2me édition modifiée du livre du P. Ernest
de Beaulieu).*

1900. — **Sermon** sur la Sainte Coiffe de Notre-Seigneur *(conservée à la cathédrale de Cahors).* par le P. Damase de Loi-
sey, prédicateur du Carême; in-12°, 15 pp. Cahors, Plantade.

1901. — **Le Bienheureux Christophe de Cahors,** d'après
Bernard de Besse; traduit du latin par l'abbé Calvet; in-
8°, 32 pp. Cahors, Plantade.

1902. — **Œuvres spirituelles** *(posthumes)* du P. Pacifique
de Saint-Gal *(prov. de Paris).* publiées par le P. Exupère
de Prats; in-12°, 163 pp. Toulouse, Saint-Cyprien.

1904. — **Mois de Marie,** du même auteur, publié par le
P. Exupère; in-12°, 256 pp. Paris, Vic et Amat.

1905. — **Sainte Foy,** martyre d'Agen, modèle des jeunes filles, par le P. Léopold de Chérancé; in-18°, 24 pp. Angers,
Siraudeau.

1905. — **Vita e culto** del beato Cristoforo da Cesena *(Ro-
magna),* apostolo di Cahors, per cura della postulazione ge-
nerale dei Cappuccini; in-8°, 212 pp. Roma, V. Salvucci.

1907. — **Vie populaire du P. Marie-Antoine,** par l'abbé
Jean Périlié *(son neveu);* in-16°, 230 pp. Toulouse, Privat.
— 2me édition en 1913; in-16, 340 pp. *(ibidem).*

1907. — **Vie du Bienheureux Christophe** de Césène (al. de
Cahors), par le P. Léopold de Chérancé; in-12°, 146 pp.
Paris, Poussielgue.

1910. — **San Pedro** de Cardeña *(Burgos)*. Ses souvenirs, par Robert Chastenet de Gery (Bordeaux) ; in-4°, 27 pp., dactylographié.

1911. — **Le P. Marie-Antoine et le Pech de Lavaur,** par l'abbé Périlié ; in-8°. Revue historique ALBIA CHRISTIANA. p. 219, etc.

1912. — **Mgr Vital de Pernambuco,** évêque d'Olinda *(Brésil)* (✝ 1878), par le P. Louis de Gonzague ; in-8°, 398 pp. Paris, libr. Saint-François. *(Ce prélat martyr avait passé plusieurs années dans notre Province, étant encore simple religieux, et il regretta de ne pouvoir y mourir).*

1912. — **Hommes et choses d'Eglise,** par l'abbé Alexis Grassier *(d'Angers)* ; in-8°, 310 pp. Paris, Beauchesne. *(Une vingtaine de pages sur le P. Marie-Antoine, avec quelques inexactitudes).*

1913. — Le Saint de Toulouse. **Le P. Marie-Antoine,** par Jean Vézère ; in-8°, 12 pp. Toulouse, impr. du Télégramme. *Poème couronné par l'Académie des Jeux-Floraux.*

1913. — **Une déformation de l'esprit franciscain.** Erreur de Guillaume de Saint-Amour ressuscitée par le P. Exupère dans son livre : **Esprit de sainte Claire** (1912) *(anonyme)* ; in-16°, 23 pp. *(absque loco).*

1916. — **El cardenal Vivès y Tuto,** por el P. Antonio de Barcelona ; in-8°, 515 pp. Barcelona, Luis Gili. — *De la page 61 à la page 110, l'auteur traite du séjour de cet éminent religieux dans notre Province. Il y manque des compléments indispensables pour une histoire impartiale et vraie.*

1917. — **Saint François d'Assise.** Le jongleur de Dieu, par Alice Ménétrier, du T.-O. ; in-12°, 210 pp. Voix Franciscaines.

1918. — **Le P. Edouard de Massat** (moine et soldat), par A. Ménétrier ; in-12°, 385 pp. Toulouse *(ibidem).*

1918. — **Saint Christophe du Vernet** *(à Perpignan),* avec une courte monographie de notre couvent, par l'abbé François Ausseil ; in-8°, 30 pp. Perpignan, Barrière.

1923. — Un pauvre de Jésus-Christ. **Le P. Jean de Beaulieu,** par Hilaire Darrigrand ; in-8°, 330 pp. *(absque loco).*

1926. — **L'Ordre franciscain à Bayonne** depuis sept siècles, par G. Perret, avocat ; in-16°, 30 pp. Bayonne, aux Capucins

1926. — **Le Saint de Toulouse** (*P. Marie-Antoine*), par Armand Praviel. Mystère en trois actes, avec prologue et épilogue.

V. — REVUES PÉRIODIQUES.

1860. — ANNALES FRANCISCAINES fondées par le P. Laurent d'Aoste, ministre provincial. — Jusqu'en 1891, ces Annales furent la seule Revue des Capucins de France. Parmi les collaborateurs de notre Province, signalons le P. Exupère pour la « *Spiritualité* », et le P. Damase de CaraVac pour les comptes-rendus des *Visites du Tiers-Ordre* dans notre Sud-Ouest.

En 1874, le Définitoire provincial toulousain reconnaissant l'insuffisance d'une seule Revue pour toutes les Provinces françaises, décida d'en fonder une nouvelle qui fut spéciale à notre Midi. L'approbation fut demandée à Rome; une malheureuse opposition fit échouer le projet.

1894. — ECHO DE SAINT-FRANÇOIS ET DE SAINT-ANTOINE DE PADOUE, fondé par le P. Léonard de Saint-Pé, ministre provincial. Le P. Ernest de Beaulieu en fut le principal rédacteur jusqu'en 1899. — Après lui, le P. Gonzalve de Salviac, jusqu'en 1907. Après les expulsions de 1903, et au mois de juin de la dite année, l'ECHO DE SAINT-FRANÇOIS prit le titre de VOIX FRANCISCAINES, qu'il garde encore.

De 1907 à 1922, le P. Aloys de Moulias fut chargé de la rédaction. Jusqu'en 1925, elle fut assurée par le P. Candide de Nant, à qui succéda le P. Louis de Gonzague des Sables.

1899. — ETUDES FRANCISCAINES. L'idée en fut lancée à l'occasion du Congrès national du Tiers-Ordre, tenu à Nîmes, en août 1897. Les Frères-Mineurs s'étant refusé à y collaborer, les Frères-Mineurs Capucins s'en chargèrent seuls. L'année suivante, les Pères Provinciaux de France et de Belgique en réglèrent l'organisation.

Dès le début de cette publication, les Pères de notre Province envoyèrent d'importants articles. Nommons entre autres : le P. Exupère de Prats, auteur de nombreux ouvrages, les PP. Evangéliste de Saint-Béat, Ernest de Beaulieu, Michel-Ange de Narbonne, Dominique de Caylus, jusqu'au

P. Jules d'Albi, dont l'important travail sur l'ARISTOTELISME de KANT est en voie de publication.

1898. — ECHO DE L'ECOLE SÉRAPHIQUE, fondé par le P. Hilaire de Niort. Après les expulsions de 1903, cette revue prit le titre de VOIX DE L'EXIL, étant alors rédigée au pays du Cid. En octobre 1905, elle diminua son volume, passant de l'in-4° à l'in-8°, jusqu'à ce qu'un malheur plus grand vint la frapper. Elle cessa de paraître en décembre 1908.

1917. — ORIENT. Revue de jeunesse franciscaine, fondée en pleine guerre et à Salonique, par deux religieux mobilisés : les PP. Salvi d'Albi et Bérard de Boissezon. Modeste au début, cette petite revue se développa graduellement. Le P. Sigismond de Villeneuve en fut le rédacteur durant une année (1921-1922). Depuis lors, le P. Michel-Ange en est le directeur. Avec lui, Orient a augmenté le nombre de ses pages et est devenu un organe de pénétration franciscaine.

1919. — BULLETIN DE L'ECOLE SAINT-FRANÇOIS, de Bayonne, fondé par le P. Sébastien de Beaumont. De format in-12° et seulement trimestrielle, cette revue fit bonne figure par la variété de sa composition. Elle cessa de paraître en août 1922.

1922. — ECHO DE SAINT-JOSEPH D'ARS, à Bordeaux, fondé par le P. Jean de Beaulieu pour servir d'organe à l'Archiconfrérie organisée dans sa chapelle. Le décès prématuré de ce religieux entraîna la disparition de cette revue qui promettait beaucoup. Elle n'avait compté que trois numéros de 24 pp. chacun.

1922. — L'AMI DU FOYER, bulletin mensuel de la paroisse de Saint-Bonaventure, à Narbonne, fondé par le P. Pierre-Baptiste de Signac, alors curé de cette paroisse. Depuis 1923, cette revue est rédigée par le P. Apollinaire de Doix.

1898. — MEMENTO MENSUEL DU TIERS-ORDRE, fondé simultanément, à Perpignan, par le P. Damascène de Réal, et à Millau, par le P. Sylvestre de Saléchan. En 1900, le P. Michel-Ange de Narbonne fit la jonction des deux ; il continue d'en

être le rédacteur. L'écoulement est de dix mille exemplaires
par mois

1911. — San Frantsesi Jarraik gaizkion. Suivons saint
François. Revue du Tiers-Ordre pour le pays basque, fondée
à Bayonne, par le P. Eusèbe de Larressorre. En 1922, chan-
gement de titre : San Frantses Tertzieren Hilabethekaria. Répandu à mille exemplaires chaque mois.

1904. — Le Semeur d'Ethiopie, fondé par le P. Marie-Bernard de Cahors, en faveur de la Léproserie d'Harrar, œuvre
du même religieux. Le P. Bernardin de Saint-Pons en fut le
rédacteur jusqu'en 1910, époque de son retour en France.
Après une courte interruption, Le Semeur reparut, rédigé
par des Pères de la Mission et imprimé par eux à Dirré-
Daoua. Mais la grande guerre vint de nouveau interrompre
sa publication.

1911. — Echo de Saint-François, du Canada, fondé par le
P. Albert de Pisany. Trimestrielle dans les premiers temps,
cette Revue ne tarda pas à devenir mensuelle, grâce au déve-
loppement du Tiers-Ordre dans cette contrée de l'Amérique.
Elle a eu pour rédacteurs successifs : les PP. Candide de
Nant, Prosper de Fontenay, Casimir de Cieutat.

1911. — Bulletin paroissial de Limoilou, fondé par le
P. Maurice de Buzan, alors chargé de cette importante paroisse de Québec. Après lui, le P. Urbain de Tesq fut chargé
de la rédaction de cette Revue. Actuellement elle est dirigée
de nouveau par le P. Maurice.

1926. — Annales du Pèlerinage de la Réparation, de
Montréal, fondées par le P. Urbain de Tesq. La dernière
venue parmi nos publications périodiques, elle répond à mer-
veille à ce qu'exige un lieu de pèlerinage comme celui-là.

1894. — Le Messager de Saint-Antoine de Padoue, fondé
par l'abbé Elzéar Delamarre, pour servir d'organe au pèlerinage de Saguenay, diocèse de Chicoutimi. Ce lieu de dévotion ayant été confié à notre Province, le P. Casimir de Cieutat, qui en est le directeur actuel, s'est chargé aussi de la rédaction du Messager, à partir de janvier 1928.

VI. — Second Ordre et Tiers-Ordre régulier.

1895. — Vie et vertus de la Sœur Germaine d'Armaing, clarisse du couvent de Toulouse *(faubourg Saint-Cyprien)*, par M. Fargues; éditée par Jules d'Armaing; in-16°, 127 pp. Toulouse, Saint-Cyprien.

1901. — La Bienheureuse Marie-Madeleine Martinengo, capucine. Fêtes de sa béatification au couvent de Mont-de-Marsan. Panégyrique prêché par l'abbé Tauzin, curé de Saint-Justin; in-12°, 28 pp. Mont-de-Marsan, R. Larquier.

1905. — La Vén. Mère Marie Antigo, abbesse des Clarisses de Perpignan (1602-1676) *(anonyme)*; in-16°, 48 pp. Abbeville, Paillart. *(Le procès de sa béatification est commencé).*

1874. — Sœur Saint-Paul du Christ *(Françoise Esteva)*, clarisse de Perpignan *(anonyme)*; in-12°, 30 pp. Toulouse. Lupiac.

1900. — La Mère Bonaventure, abbesse et fondatrice du monastère de Sainte-Claire, à Mazamet; in-8°, 30 pp. Paris, Casterman.

1912. — Sainte Claire *(à l'occasion du VII° Centenaire de la fondation du second Ordre)*, par M. de J...; in-12°, 57 pp. Toulouse. Montauzeur.

1914. — Comment on meurt dans le cloître. **Une clarisse de Mazamet;** in-8°, 16 pp. *(Extrait des Voix Franciscaines).*

1916. — Une âme fidèle, **Sœur Saint-Raphaël,** clarisse de Mazamet; in-8°, 16 pp. *(ibidem).*

1924. — Fondation d'un moustier à la fin du XIX° siècle. Le couvent de Sainte-Claire, à Mazamet; in-12°, 116 pp. Carcassonne, Mollère.

1926. — Une fleur séraphique. **Sœur Marie de la Fidélité** (✝ 1925); in-12°, 172 pp. Monastère de Mazamet.

1927. — Description de l'ornement offert par les Tertiaires de France à N. S. P. le Pape Pie XI, et confectionné par les Clarisses de Mazamet; M. S. C., in-12°, 30 pp.

1905. — Le mystère de Jésus-Christ, par la Mère Marie-Cécile de Saint-Paul, abbesse des Clarisses de Lavaur;

5 vol. in-12°, d'environ 500 pp. chacun. Albi, Orphelins
Apprentis. — 2⁾ᵐᵉ édition en 1908.

1909. — **Passion et mort de Jésus-Christ;** in-12, 227 pp.
(ibidem). Extrait de l'ouvrage précédent.

1910. — **La louange divine;** 2ᵐᵉ édition perfectionnée, même
auteur); in-12°, 360 pp. *(ibidem).*

1864. — **M. l'abbé Charles de Clausade,** supérieur des Missionnaires diocésains d'Albi, établi alors à Notre-Dame de la
Drèche, de concert avec les Supérieurs majeurs de notre Ordre, sollicita de Pie IX la faveur d'ériger sa communauté
en Congrégation de Tertiaires réguliers.

Le Pape acquiesça pourvu que des religieux Capucins leur
vinssent en aide dans cette transformation. En 1866, notre
Père Général (Nicolas de Saint-Jean) chargea le P. Ambroise
de Bergerac d'organiser définitivement la nouvelle famille
franciscaine.

Demeuré plusieurs mois avec ces postulants, selon le désir du Souverain Pontife, et du plein consentement de
Mgr Lyonnet, archevêque d'Albi, le P. Ambroise institua ca-
noniquement leur noviciat, le 10 juin 1866. L'antique sanctuaire de Notre-Dame de l'Oder, près d'Ambialet, avait été
généreusement cédé par l'Archevêque pour servir de berceau
à la Congrégation naissante.

La bénédiction de saint François descendit sur cette nouvelle famille religieuse, greffée pour ainsi dire au premier
Ordre; elle prospéra de telle sorte, que, progressivement, elle
put s'établir en divers diocèses, et même accepter une Mission dans l'Amérique du Sud. (Pie IX avait approuvé les
Constitutions en 1873).

1867. — **Le P. Ambroise de Bergerac** a raconté lui-même les
débuts des Tertiaires réguliers dans son Histoire d'Ambialet et de Notre-Dame de l'Oder *(mentionnée sous son
nom).*

1873. — **Lettre du P. Dominique de Castelnaudary** aux
autres Provinciaux de France et de Belgique. Il leur annonce
son projet d'établir dans notre Midi une Congrégation de
prêtres tertiaires dont le but serait de fournir des auxiliaires
à la Mission des Gallas *(dont il était lui-même le Préfet
apostolique).* et aussi, des apôtres pour la moralisation de la

classe ouvrière en France. Ce beau projet n'a pas laissé de traces.

1876. — **Le Tiers-Ordre régulier enseignant** de saint François d'Assise, par le Fr. Alphonse-Marie Leclerq, docteur en théologie, supérieur de l'Institution Saint-Liguori, à Toulouse; in-18°, 96 pp. Paris, impr. Arnous de Rivière. *(Ce projet approuvé par le P. Dominique de Castelnaudary, provincial des Capucins, eut le sort du précédent).*

1863. — **Frères Agriculteurs de Saint-Antoine**, établis à Saint-Genis-de-Saintonge *(Charente-Inférieure)*, en 1841, par les soins de M. Richard, chanoine de La Rochelle. Mgr Landriot les reçut au Tiers-Ordre, en 1863, avec le but spécial de former des *Directeurs pour les colonies agricoles.* En janvier 1872, ils furent affiliés à notre Province, par le P. Dominique de Castelnaudary, qui leur assura, jusqu'aux expulsions, le bienfait de la *Visite canonique* et de la *Retraite annuelle* pour eux et leur cinquante orphelins.

1897. — Notice historique sur la Congrégation des **Tertiaires franciscains missionnaires** d'Hasparren *(Basses-Pyrénées)*, affiliés à notre Ordre, le 9 novembre 1917, par le P. Bernard d'Andermatt, ministre général; in-12°, 30 pp. Rome, impr. Vaticane.

1897. — **Constitutions** des Tertiaires franciscains missionnaires d'Hasparren; in-12, 54 pp. Rome *(ibidem).*

1902. — **Vie de l'abbé Chiron, appelé le P. Marie** *(de Bourg-Saint-Andéol).* qui, revêtu de l'habit du T.-O. régulier, évangélisa le Roussillon de 1843 à 1851, puis vint s'établir à l'ermitage de Notre-Dame du Cros *(Aude)*, où il mourut en odeur de sainteté, le 28 décembre 1852; 23 pp. in-8°, publiées dans l'Echo de Saint-François.

1898. — **Vie du Fr. Jean,** tertiaire et fondateur de l'Hospice des vieillards, à Galan *(Hautes-Pyrénées)*, par Henri Babou. — 2° édition, in-18°, 233 pp. Toulouse, Privat.

1915. — **La Vén. Jacquette de Bachelier** du T.-O. de saint François (1559-1635), par le P. Guy Daval, O. F. M.; in-12°, 192 pp. Toulouse, Privat. *(Nouvelle édition rajeunie de notre P. Casimir de Toulouse, premier historien de Sœur Jacquette).*

1897. — **Les religieuses franciscaines du Tiers-Ordre ré-**

gulier établies en France, par le P. Norbert, O. F. M.; in-12", 478 pp. Paris, Poussielgue. *(Plusieurs de ces Congrégations nouvelles ont été fondées par, ou avec l'appui des Capucins).*

1908. — **Notice sur le P. Robert,** fondateur des Sœurs franciscaines de Ladevèze *(Cantal),* en 1865, pour le soin des INCURABLES. Depuis 1923, cette Congrégation a été affiliée à notre Province.

1927. — **Mère Françoise du Saint-Esprit,** fondatrice des Sœurs franciscaines de Montpellier *(al. Saint-Chinian),* par le P. Ernest de Beaulieu; in-8", 338 pp. Montpellier, Em. Montane. *En 1881, ces religieuses vinrent s'établir à Toulouse (Côte-Pavée).*

1928. — A l'ombre du Calvaire. **Histoire de la fondation des Sœurs franciscaines de Grèze** *(Aveyron),* par le P. Godefroy *(prov. Paris);* in-12", 211 pp. Paris, Librairie Saint-François.

1861. — **Sœurs franciscaines de Saint-Sauveur,** fondées à Toulouse, en 1864, par le P. Conrad de Paris — d'abord comme simples Tertiaires et pour former un OUVROIR DE CHARITÉ dans la rue Valencienne; et, un an après, réunies ensemble comme membres du Tiers-Ordre régulier, dans le but d'élever des Orphelines. A cet effet, en 1866, le P. Chrysostome de Lyon, successeur du P. Conrad dans le gardiennat de Toulouse, leur facilita l'acquisition d'un immeuble sur les bords du canal du Midi *(près du pont Saint-Sauveur),* et dressa leurs Constitutions. Depuis lors, elles ont toujours été dirigées par nos confrères de cette ville.

1854. — Accordons un souvenir aux **Sœurs franciscaines de Caignac** *(Seysses, Haute-Garonne),* fondées par l'abbé d'Hautpoul, en 1854, pour le soin d'un Orphelinat. Quelques années après, le P. Marie-Antoine les fit agréger au Tiers-Ordre régulier, afin de mieux répondre au but de leur institution. Cette modeste famille franciscaine ne put survivre aux expulsions de 1903.

VII. — TIERS-ORDRE SÉCULIER.

1861. — **Notice sur le Tiers-Ordre** de saint François (rectifiant les nombreuses erreurs contenues dans la brochure suivante) ; par le P. E... ; in-8", 35 pp. Paris, Remquet. *(Publié par ordre du P. Laurent d'Aoste, ministre provincial des Franciscains Capucins).*

1860. — **Notice sur le Tiers-Ordre** de saint François, par un prêtre, directeur du Tiers-Ordre franciscain, avec l'approbation du P. Joseph Aréso, provincial; in-24", 93 pp. Carcassonne, Pomiès. *(Une dédicace de l'auteur à un ami nous révèle son nom : M. l'abbé L. Vieu, vicaire à Montréal-d'Aude).*

1873, 28 octobre. — **Lettre pastorale du P. Dominique de Castelnaudary,** ministre provincial, aux membres du Tiers-Ordre de son obédience. Il leur annonce la prochaine Visite canonique de toutes les Fraternités de la Province; in-8". Toulouse, Pailhès.

1894. — **Actes du premier Congrès national du T.-O.,** tenu à Paray-le-Monial, du 11 au 13 septembre. *(Organisé par les seuls Frères-Mineurs et pour leurs Fraternités. A la demande de M. Léon Harmel, on consentit à inviter le P. Marie-Antoine afin d'y représenter les Capucins. — Initiative de grandes conséquences pour les Congrès suivants).*

1896. — **Actes du II**ᵐᵉ **Congrès national du T.-O.** tenu à **Limoges,** du 4 au 8 août 1895, et compte-rendu des fêtes du VII" Centenaire de saint Antoine de Padoue; in-8", 100 pp. Limoges, Millescamps. *(La présence de nombreux Franciscains et Capucins de toutes nos Provinces, donna à ce Congrès une importance considérable).*

1897. — **Actes du III**ᵐᵉ **Congrès national du T.-O.,** organisé par les Frères-Mineurs Capucins, et **tenu à Reims,** du 17 au 21 août 1896; in-8", 600 pp. Paris, Œuvre de Saint-François.

1898. — **Actes du IV**ᵐᵉ **Congrès national tenu à Nîmes,** du 23 au 27 août 1897; in-8", 440 pp. Brive, Grottes de Saint-Antoine.

1900. — **Actes du Vme Congrès national,** organisé par les Fr.-Min. Capucins et tenu à Toulouse du 16 au 20 août 1899; in-8°, 500 pp. Toulouse, Sœurs franciscaines, et Paris, Œuvre de Saint-François. Ce Congrès se clôtura par un grand pèlerinage à Sainte-Germaine de Pibrac.

1900. — **Un VIme Congrès** — et celui-ci international — fut **tenu à Rome,** sur le désir de Léon XIII (septembre). Mais il ne paraît pas qu'on en ait publié le compte-rendu, (sans doute à cause de la diversité des langues employées).

1909. — **Actes du VIIme Congrès National,** tenu à **Paray-le-Monial,** du 8 au 11 août 1908; in-8°, 212 pp. Paray-le-Monial, Diard. *(Ce dernier Congrès tenu après la spoliation de nos couvents, et la dispersion des religieux, fut modeste et n'eut pas l'importance des précédents).*

1897. — **Vœux** des quatre premiers Congrès Nationaux du T.-O.: in-12°, 24 pp. Brive, Grottes de Saint Antoine.

1887. — **Cantiques à l'usage du Tiers-Ordre;** in-32°, 40 pp. Tulle, J. Mazeyrie. — Une nouvelle édition augmentée suivit celle-là; in-32°, 72 pp. Poitiers, Oudin *(absque anno).* — Une 3me en 1909; in-32°, 64 pp. Toulouse, Voix Franciscaines. — La 4me est de 1914; in-32°, 80 pp. *(ibid.).*

1899. — **Souvenir** du Vme Congrès franciscain (Toulouse). Chants de la LYRE SÉRAPHIQUE et programme du Triduum; in-32°, 34 pp. Toulouse, Saint-Cyprien.

1893. — **Vie des Saints des trois Ordres de saint François,** par Mme Berguin, tertiaire de Périgueux; in-12°, 30 pp. Périgueux, Cassard. *(Sous ce titre, l'auteur publia mensuellement une biographie franciscaine. En mars 1897, elle en était à la trentième).*

1896. — **Entretiens sur la Règle du T.-O. séculier,** par Charles de Montenon, recteur de la Fraternité de Poitiers; in-12°, 244 pp. Poitiers, Oudin.

1896. — **Pèlerinage du T.-O. aveyronnais** à N.-D. de Roc-Amadour et aux Grottes de Saint-Antoine, à Brive. Règlement, prières, cantiques; in-18°, 16 pp. Millau, Artières. *(Opuscule réédité en 1897 et 1898 pour d'autres pèlerinages).*

1898. — **Congrès diocésain du T.-O., tenu à Rodez,** en

septembre, et dirigé par les PP. Jules du Sacré-Cœur, O. F.
M. et Marie-Bernard de Cahors, cap.; in-8°, 228 pp. Rodez,
impr. Catholique.

1898. — **Etat des Fraternités du T.-O. de notre Province;**
in-8°, 140 pp. Toulouse, Saint-Cyprien. *(P. Irénée)*.

1899. — **Compte-rendu de l'Assemblée régionale du T.-O.,
tenue à Millau, les 20 et 21 février.** — Etat des Fraternités
de ce district: in-12°, 236 pp. Paris, Œuvre de Saint-François. *(P. Hilaire)*.

1898. — **Essai sur le régime corporatif,** par le P. Albert
Nogues, du Tiers-Ordre; in-8°, 50 pp. Paris, Rondelet et C°.

1900. — **L'Angleterre et la guerre du Transvaal** *(même
auteur)*; in-8°, 26 pp. Etudes franciscaines.

1904. — **Le Motu proprio de Pie X** (18 décembre 1903) et
l'Egalité *(même auteur)*; in-8°, 35 pp. Toulouse, Saint-
Cyprien.

1911. — **Essai sur la Noblesse française** *(même auteur)*;
in-8°, 30 pp. Paris, Beauchesne.

..... — **Le Tiers-Ordre et le Tolstoïsme** *(même auteur)*; in-
8°, 17 pp. Toulouse, Saint-Cyprien.

1902. — **Sœur Elizabeth,** tertiaire de La Rochelle, par le
P. Jean; in-12°, 886 pp. Paris, Œuvre de Saint-François.

1910. — Abrégé du MANUEL SÉRAPHIQUE du T.-O., par le
P. Marie-Antoine *(anonyme)*; in-32°, 44 pp. Toulouse, Voix
Franciscaines. *Une autre édition, sans date, comprend 64 pa-
ges.*

1912. — Un Tertiaire d'aujourd'hui. **Hilaire Vivarez** *(de
Cette)*, par l'abbé Paul Brouillet; in-8°.

1912. — **Pèlerinage du T.-O. de notre Province à Rome
et Assise.** Règlement, prières, cantiques *(anonyme)*; in-32°,
10 pp. Toulouse, Voix Franciscaines.

1913. — **Assise, Rome, Padoue.** Relation du IIme Pèlerinage
franciscain *(anonyme)*; in-12°, 210 pp. *(ibidem) (Alice
Ménétrier)*.

1914. — **Retraites fermées** *(au couvent de Carcassonne)*.
Appel et règlement: in-18° illustré, 16 pp. Toulouse, Ant.
Gay.

1917. — **Le monde et la vie religieuse, par le T.-O.** Conférence à l'Institut catholique de Toulouse, par Fr. Félix de Cantalice, avocat: in-8", 20 pp. Toulouse, Voix Franciscaines.

1920. — **Trois semaines en Italie.** Pèlerinage du Tiers-Ordre; in-18", 23 pp. Toulouse, Privat.

1921. — **Association franciscaine des Institutrices.** Forme de vie: in 16", 92 pp. Vannes, impr. des Franciscaines Missionnaires. *(P. Gonzalve et P. Raymond)*.

1923. — **Pèlerinage franciscain des membres de l'Enseignement,** à Rome et Assise; compte-rendu, programme: in-18". 16 pp. Voix Franciscaines.

1926. — **Pèlerinage franciscain de l'Enseignement.** Dix-sept jours en Italie, à la suite du P. Zacharie, par le Fr. Gabriel-Marie, tertiaire de Montpellier; in-12", 22 pp. *(absque loco)*.

1927. — **Pèlerinage franciscain du T.-O. à Notre-Dame de Lourdes,** organisé par les Fr.-Min. Capucins de la Province de Toulouse; in-24", 36 pp. Voix Franciscaines.

1909. — **Rechristianisons par le Tiers-Ordre,** par l'abbé Auguste Delassus: in 8", 64 pp. *(ibidem)*.

1910. — **Ce que les chrétiens doivent au Séraphin d'Assise,** du même auteur: in-8", 83 pp. *(ibidem)*.

1910. — **La Chrétienté restaurée par le Tiers-Ordre** (même auteur); in-8", 110 pp. *(ibidem)*.

1911. — **Je voudrais un bon Directeur :** C'est saint François (même auteur); in-8", 31 pp. *(ibidem)*.

1911. — **Saint François d'Assise** révélé dans l'imitation de Jésus-Christ (même auteur); in-8", 62 pp. *(ibidem)*.

1911. — Ils sont sans excuse les inobservants du : **Mot d'ordre** sur le Tiers-Ordre (même auteur); in-8", 23 pp. *(ibidem)*.

1912. — **Le Diaconat chrétien, apostolique et franciscain** (même auteur); in-8", 163 pp. *(ibidem)*.

1913. — Saint François d'Assise. **L'Ange de la Concorde** (même auteur); in-8", 87 pp. *(ibidem)*.

19..... — **Le Tiers-Ordre, remède social. Souveraine réponse de Pie X** (même auteur); in-8",   pp. *(ibidem)*.

19..... — **Saint François d'Assise, sauveur international**
(même auteur); in-8", pp. (*ibidem*).

1908. — **La Solution franciscaine de la Question sociale**
(même auteur); in-16", 35 pp. Paris, Poussielgue.

VIII. — Miscellanea.

P. Liguori de Montier (1862, ✝ 1874). Ouvrages publiés par
ce religieux avant son entrée dans l'Ordre, sous son nom
d'abbé Bouilleveaux, curé de Cérizières, puis de Perthes.

1845. — **Les moines du Der**; in-8", 448 pp. Montier-en-Der,
J. Thiébaut.

1849. — **Les pèlerinages champenois**; in-8", 36 pp.

1851. — **Notice historique sur Benoîtevaux**; in-8". Chau-
mont, Cavaniol.

1855. — **Monographie de l'église abbatiale de Montier-
en-Der**; in-8° (*ibidem*).

1856. — **Notice historique sur le prieuré de Condes**; in-
8" illustré. Paris, Plon et C".

1880. — **Notice sur saint Antoine de Padoue en Limou-
sin**, par le chanoine Arbellot; in-18", 68 pp. Paris, Haton.

1891. — **Olivier Maillard,** célèbre prédicateur franciscain du
XV" siècle (mort à Toulouse en 1502), par l'abbé Samouillan,
professeur à l'Institut catholique de cette ville; in-8",
350 pp. Toulouse, Privat.

1896. — **Les Noëls de Jacopone de Todi**, par l'abbé Ga-
barra, curé de Capbreton (Landes); in-18", 62 pp. Rodez,
impr. Catholique.

1901. — **Le culte de la T. S. Vierge Marie** dans l'ancien
diocèse de Saint-Bertrand-de-Comminges, par l'abbé Yves
Dufor, ancien missionaire du Calvaire de Toulouse (avec la
collaboration d'un religieux de notre Province). M. S. C.,
in-4", 166 pp. Archives prov.

1876. — **Petite méthode d'oraison mentale**, par le P. François de Bénéjac; in-12", 134 pp. Périgueux, Cassard.

1880. — **Le Purgatoire**, par le P. Alexis Ségala, capucin, traduit de l'italien, par le P. François de Bénéjac; in-12°, 253 pp. Paris, Poussielgue.

1871 à 1880. — **La dévotion au Pape.** Le Chemin de la Croix. L'Immaculée-Conception. La couronne franciscaine. Le couronnement des madones; nombreux articles dans les ANNALES FRANCISCAINES sur ces divers sujets, par le P. François de Bénéjac.

1909. — **Véritable Vie de Jeanne d'Arc,** par le P. Cyrille Ferret, de Luçon; in-12°, 72 pp. Poitiers, Oudin.

1910. — **Mois de Marie et de Jeanne d'Arc,** par le même; in-18°, 210 pp. Niort, chez l'auteur.

1910. — **Vraie Jeanne d'Arc vivante.** Drame en trois actes, par le même; in-18°, 60 pp. *(ibidem)*.

1910. — **Exposé nécessaire** et suffisant de la doctrine chrétienne pour les petits Enfants de la communion privée, par le même; in-24, 24 pp. Poitiers, Société d'imprimeurs.

1911. — **Vie merveilleuse de saint Pascal Baylon,** par le même; in-24°, 23 pp. Poitiers, Oudin.

1913. — **Jeanne d'Arc enfant,** avec ses compagnes, par le même; in-16°, 22 pp. Poitiers, Oudin.

1911. — **Les Géants de la Vendée,** par le même; in-12°, 363 pp. Poitiers, Société d'Imprimeurs.

SUPPLÉMENT

Page 25. — 1899. — **Couvent de Grenade-sur-Adour,** par l'abbé Meyranx (dans sa MONOGRAPHIE DE GRENADE; in-8°, 243 pp.). Galiax (Gers), impr. Villeneuve.

— **Anciens couvents d'Agen,** par Philippe Lauzun: 2 vol. in-12°. Notice sur le couvent des Capucins.

Page 33. — 1900. — **La dévotion à saint Antoine de Padoue.** Manuel complet *(Anonyme)*; in-24°, 96 pp. Abbeville, Paillart *(P. Ernest de Beaulieu)*.

— 1928. — **Le bienheureux Apollinaire,** martyr capucin; in-32°, 40 pp., publié dans les ETRENNES SÉRAPHIQUES *(même auteur)*.

Page 35. — 1875. — **La Pauvreté**. Étude d'économie sociale; in-8°, 179 pp. Auch, L. Chanche, éditeur, *3me édition. (P. Exupère de Prats)*.

Page 36. — **Chemin de la Croix** du Sacré-Cœur, par le P. Exupère; traduit en anglais par Éléonore Yorke Smith, avec PRÉFACE du P. Bowden, oratorien, *(ancien secrétaire du P. Faber)*; in-8°. Londres, Burns Oates (s. d.).

Page 53. — 1900. — **Discours du P. Marie-Antoine** au Congrès international du T.-O. à Rome; traduit en italien par le P. Bernard de Ceglie Messapico; in-8°. Milan, Lanzani.

— 1927. — **La Vocation de Toto et de Pierrot;** in-8°, 40 pp.

— 1928 — **Les Incurables.** Comédie en un acte; in-8°, 55 pp.

— 1928. — **Papillons du soir,** 2° série *(en préparation)*.

Page 55. — 1912. — **Règles de la Balle-au-Camp.** Altjematimgeoel, Rimouski, S. Vachon. *(P. Pacifique de Valligny)*.

— 1913. — **Le catéchisme micmac,** 2me édition, même auteur; in-18°, 32 pp. Ristigouche.

— 1917. — **Offices du Dimanche,** en micmac, même auteur; in-32°, 348 pp. *(ibidem)*.

— 1918. — **Catéchisme de persévérance,** en micmac, même auteur; in-18°, 198 pp. *(ibidem)*.

— 1921. — **Cantiques micmacs;** in-24°, 32 pp. *(ibidem)*.

— 1927. — **Le pays des Micmas.** Dictionnaire des communes commenté. *(En cours de publication)*.

— 1903 à 1925. — **Le Messager micmac;** petite revue mensuelle, du même auteur.

Page 57. — 1928. — **Notre-Dame de Lourdes** en France, et au sanctuaire de pèlerinage du Saguenay *(Canada)*, par le P. Casimir de Cieutat; in-12° illustré, 64 pp. Québec, E. Troublay.

— 1912. — **Statuto della Fratellanza** catolica italiana di mutuo soccorso, à Sant' Antonio di Ottawa, par le P. Fortuné de Malte; in-18°, 32 pp. New-York, Vincenzo Ciocia.

Page 62. — 1896. — **Neuvaine séraphique** à saint Antoine de Padoue *(capucin anonyme)*; in-24°, 26 pp. Masson, Servantes de Jésus.

Page 63. — 1920. — **Constitution du Cercle Saint-François,** fondé au couvent d'Ottawa, pour les hommes, en 1909; in-32°, 18 pp. Ottawa.

— 1911. — **Règlement** de la Congrégation des hommes établie au couvent de Limoilou; in-24°, 56 pp. Québec, Laflamme.

Page 72. — 1706. — **Epitome historial del Imperio abysino,** por el P. Mateo de Anguiano, cap. de la prov. de Castilla; in-4°. Madrid, impr. Antonio Gonzalez.

Page 75. — 1880. — **Expulsion des Capucins de Bayonne,** par Louis de Joantho, dans *La persécution religieuse en Béarn et au pays basque;* in-16°. Pau, Vignancour.

Page 83. — 1876. — **Vie de Jacquette de Bachelier,** par Jean Escarguel; in-12°, 232 pp. Montpellier, Seguin. *(Nouvelle édition du P. Casimir de Toulouse)*.

Page 67. — 1904. — **Saint François d'Assise,** poème catalan de Jacinto Verdaguer, traduit en français par Fr. Bonaventure du T.-O. *(Augustin Vassal)* et dédié au P. Exupère de Prats; in-12°, 96 pp. Paris, Casterman.

TABLE DES MATIÈRES

Noms des Auteurs de la PREMIÈRE PARTIE.

Noms des Auteurs de la DEUXIÈME PARTIE.

Noms des Religieux étrangers à notre Province.

Noms des Religieux étrangers à notre nation.

Noms des Auteurs séculiers.

Imp. FOURNIÉ r. Constantine, Toulouse.